MATTHIEU RICARD

Docteur en génétique cellulaire, moine bouddhiste, interprète du Dalaï-Lama, photographe, Matthieu Ricard est l'auteur de nombreux ouvrages, parmi lesquels *Plaidoyer pour le bonheur*, *L'Art de la méditation*, *Plaidoyer pour l'altruisme* (NiL, 2003, 2008, 2013), *Plaidoyer pour les animaux*, *Cerveau et méditation*, et *Pouvoir et altruisme* (Allary Éditions, 2014, 2017, 2018), tous repris chez Pocket et traduits dans plus de vingt langues. Il vit au Népal où il se consacre aux projets humanitaires de l'association Karuna-Shechen. Méditant chevronné, il est régulièrement sollicité par les universités du monde entier pour se prêter à des expériences sur le cerveau.

TANIA SINGER

Tania Singer est chercheuse en neurosciences et psychologie, directrice du département des neurosciences sociales à l'institut Max-Planck de Berlin.

INSTITUT MIND AND LIFE

L'institut Mind and Life réunit des chercheurs du monde entier autour du Dalaï-Lama pour dialoguer sur un thème donné. La précédente conférence était *Vers une société altruiste* (Allary Éditions, 2015).

Pour un pouvoir altruiste

ÉVOLUTION
Des livres pour vous faciliter la vie !

Jiddu KRISHNAMURTI
Trouver la paix
Pour vivre en conscience

Thich NHAT HANH
La Terre est ma demeure
Autoportrait d'un artisan de paix

Tara BRACH
L'Acceptation radicale

Odile CHABRILLAC
Âme de sorcière ou la Magie du féminin

Jacques SALOMÉ
Un zeste d'éternité

Jiddu KRISHNAMURTI
La Beauté de l'amour
Écouter, c'est aimer

Corine SOMBRUN
Les Esprits de la steppe
Avec les derniers chamanes de Mongolie

Satish KUMAR
Pour une écologie spirituelle

**Sous la direction de Matthieu RICARD
& Tania SINGER**
Pour un pouvoir altruiste
Conversation avec le Dalaï-Lama

Sous la direction de
Matthieu Ricard
Tania Singer
& Kate Karius

Pour un pouvoir altruiste

Traduit de l'anglais
par Carisse et Gérard Busquet

ALLARY ÉDITIONS

Cet ouvrage a précédemment paru sous le titre :
Pouvoir et altruisme

Pocket, une marque d'Univers Poche,
est un éditeur qui s'engage pour la préservation
de l'environnement et qui utilise du papier fabriqué
à partir de bois provenant de forêts gérées
de manière responsable.

Le Code de la propriété intellectuelle n'autorisant, aux termes de l'article L. 122-5, 2° et 3° a, d'une part, que les « copies ou reproductions strictement réservées à l'usage privé du copiste et non destinées à une utilisation collective » et, d'autre part, que les analyses et les courtes citations dans un but d'exemple et d'illustration, « toute représentation ou reproduction intégrale ou partielle faite sans le consentement de l'auteur ou de ses ayants droit ou ayants cause est illicite » (art. L. 122-4).
Cette représentation ou reproduction, par quelque procédé que ce soit, constituerait donc une contrefaçon, sanctionnée par les articles L. 335-2 et suivants du Code de la propriété intellectuelle.

© Allary Éditions, 2018.
ISBN : 978-2-266-28257-4
Dépôt légal : novembre 2020

Préface
de Sa Sainteté le Dalaï-Lama

Je suis très heureux que cette rencontre organisée par l'institut Mind and Life Europe, consacrée aux notions de pouvoir et d'altruisme, se déroule pour la seconde fois à Bruxelles. Ces débats sont maintenant devenus des événements réguliers.

Cette initiative a vu le jour il y a plus de trente ans, lorsque mon ami cher, Francisco Varela, chercheur en neurosciences aujourd'hui décédé, s'est rendu en compagnie d'une équipe de scientifiques à Dharamsala, où s'est tenue notre première rencontre.

Aujourd'hui, ces dialogues sont toujours porteurs d'immenses bénéfices mutuels pour les érudits bouddhistes tibétains et les scientifiques, ainsi que pour quiconque a le souci d'instaurer un monde meilleur.

Introduction

Matthieu Ricard et Tania Singer

> « L'un des grands problèmes de notre histoire est que les concepts d'amour et de pouvoir sont généralement considérés comme des polarités, des contraires qui s'opposent. Dans le meilleur des cas, le pouvoir est l'amour qui met en œuvre l'exigence de justice et, dans le meilleur des cas, la justice est le pouvoir qui rectifie tout ce qui fait obstacle à l'amour. »
> Martin Luther King, Jr., 16 août 1967

Un appel à l'altruisme dans un monde en difficulté

Notre monde d'aujourd'hui foisonne de défis. Les événements qui se déroulent sur l'ensemble de notre planète nous avertissent que le monde est en crise, qu'il s'agisse des conflits au Moyen-Orient, du drame des migrants, de l'effondrement des gouvernements ou des économies qui frôlent la banqueroute. Au niveau sociétal, nous sommes les témoins de la pauvreté au milieu de l'abondance, de l'accroissement des inégalités, du racisme, de la diminution des ressources et du changement climatique. Au niveau individuel, le nombre de maladies liées au stress, les sentiments d'incertitude et de solitude, la dépression tout autant que l'expression de l'individualisme et du narcissisme ne font que croître.

Alors que des initiatives et des innovations (telles que les objectifs de développement durable des Nations unies*, l'accord de Paris sur le changement climatique, d'importants programmes d'aide, sans oublier l'accroissement des réseaux sociaux) nous unissent en tant que citoyens d'une planète que nous partageons, il reste néanmoins difficile d'assumer la responsabilité de l'instauration d'un monde plus juste et plus solidaire. Il subsiste des questions essentielles : comment pouvons-nous surmonter les défis colossaux que pose notre planète ? Comment la race humaine peut-elle engendrer des citoyens plus responsables et plus soucieux d'autrui ? Comment pouvons-nous dépasser nos propres tendances égoïstes et élargir le cercle de notre compassion ? Comment faire en sorte de ne pas nous préoccuper seulement de nos parents les plus proches, de nos amis, de nos concitoyens ou encore de ceux qui partagent la même religion que nous ? Enfin, comment nous soucier véritablement de ce qui nous est étranger, des espèces autres que la nôtre et de l'environnement en général ?

---

* Les « objectifs de développement durable des Nations unies » (*UN's Sustainable Development Goals* – SDGs) sont un ensemble de dix-sept objectifs établis par les États membres des Nations unies, qui développent des programmes destinés à éradiquer la pauvreté et la faim, à instituer une éducation de qualité pour tous, l'égalité entre les *sexes*, etc. Voir schéma 3.9a, p. 73. *(N.d.T.)*

Dialoguer pour accroître le bien-être de l'humanité

Au cours des trente dernières années, Sa Sainteté le Dalaï-Lama s'est engagée avec des chercheurs du monde entier à soutenir et à développer des voies d'accès à une connaissance susceptible d'accroître le bien-être de l'humanité, la responsabilité éthique et la compassion.

Ces débats avec le Dalaï-Lama ont débuté par des réunions scientifiques restreintes, tenues en petit comité. Elles ont débouché sur la création de l'institut Mind and Life, une organisation à but non lucratif, fondée par Sa Sainteté le XIVe Dalaï-Lama, le chercheur en neurosciences Francisco Varela et l'avocat et homme d'affaires Adam Engle. L'institut Mind and Life a pour but de créer un dialogue ouvert et une collaboration de recherches entre les sciences contemporaines et les traditions contemplatives vivantes du monde, la philosophie, les sciences humaines et sociales.

Au fil des années, les rencontres organisées par l'Institut sont devenues de plus en plus fréquentes, accessibles, et ont connu une large diffusion. En 2008, cette organisation s'est étendue à l'Europe et a donné naissance à Mind and Life Europe. Dans l'esprit de l'Institut, Mind and Life Europe s'est donné pour objectif de soulager la souffrance et de promouvoir l'épanouissement des êtres en développant la science contemplative sur le continent européen.

En septembre 2016 s'est tenu le second dialogue public de Mind and Life Europe qui était aussi la trente et unième réunion en présence de Sa Sainteté le Dalaï-Lama. Cette conférence de trois jours qui s'est tenue à Bruxelles, capitale de l'Union européenne, a été la plus importante à ce jour. En effet, lors de cet événement, dix-neuf spécialistes de renommée internationale ont rencontré Sa Sainteté le Dalaï-Lama afin d'analyser les deux forces fondamentales que constituent le pouvoir et l'altruisme dans l'état actuel de notre planète. Étant donné que ces deux forces s'exercent à la fois dans les domaines de l'environnement et de la société, les discussions ont exploré les possibilités de les associer et de les équilibrer dans un large éventail de disciplines : l'anthropologie, l'éthologie, la psychologie, les neurosciences, l'économie, la gouvernance, l'activisme social et les traditions contemplatives pratiquées dans le monde.

Introduire les concepts de pouvoir et d'altruisme

La notion de pouvoir est un concept neutre dans la mesure où il n'est pas, en soi, nuisible ou bénéfique ; il est le support qui nous permet de réaliser nos buts. Cependant, selon la perspective historique et psychologique occidentale, le pouvoir est souvent associé à des concepts de domination, d'instrumentalisation et de souveraineté. L'idée d'« exercer un pouvoir sur quelqu'un » est l'un des aspects de cette vaste notion d'autorité, aspect qui apparaît clairement dans les domaines politique, sociétal et interpersonnel, ainsi que le mettent en lumière les problèmes d'écart de richesse, d'inégalités entre les races et les sexes. Toutefois, le pouvoir est essentiellement une *force* motivationnelle qui peut servir à aider autrui ou à lui nuire, à construire ou à détruire. La façon dont nous exerçons cette force réside dans notre *intention*.

De même, l'altruisme constitue une autre *force* motivationnelle d'importance qui, à la différence du pouvoir, n'est pas neutre d'un point de vue éthique, puisqu'elle tend à accroître le bien d'autrui, qu'il s'agisse de nos proches parents ou de la société dans son ensemble. L'altruisme évoque des notions de préoccupation de l'autre, de compassion, de coopération, de responsabilité et d'affiliation. Au premier abord, il n'est pas perçu comme une notion compatible avec celle de pouvoir, bien que ce ne soit pas le cas, comme nous le verrons. Un pouvoir empreint d'altruisme peut accomplir beaucoup plus de choses pour le bien d'autrui qu'une faible motivation de venir en aide. *A contrario*, un pouvoir dénué d'attention bienveillante envers autrui et exempt de la motivation d'œuvrer au bien commun risque de se révéler brutal et immoral.

Présentation du livre

Ce livre rend compte des discussions qui ont eu lieu au Bozar, Palais des Beaux-Arts de Bruxelles, du 9 au 11 septembre 2016. Bien que les données aient été réorganisées par souci de clarté, ce livre n'en est pas moins une présentation fidèle des discussions telles qu'elles se sont déroulées. Dans les pages qui suivent, nous vous présenterons des chercheurs de renommée internationale appartenant à différentes disciplines, ainsi que leur axe de recherches en lien avec les notions centrales du pouvoir et de l'altruisme. Vous découvrirez également les éclairages qu'apporte le Dalaï-Lama à ces exposés, ainsi que les commentaires des discussions conduites par les modérateurs.

Sa Sainteté le Dalaï-Lama a participé à chaque discussion, accompagné de Thupten Jinpa, son traducteur de longue date. Bien que Sa Sainteté suive parfaitement les débats philosophiques et scientifiques complexes en anglais, et qu'il s'exprime clairement dans cette langue, il choisit parfois d'intervenir en tibétain. Lorsque cela s'est produit au cours d'un exposé, Jinpa a traduit en anglais ce que Sa Sainteté venait de dire.

Afin de respecter les cinq tables rondes, ce livre est divisé en cinq parties, suivant l'ordre dans lequel s'est déroulée la conférence.

La première partie, intitulée « Les points de vue de l'éthologie, de l'anthropologie et de l'écologie », nous fournit des données sur le fonctionnement du pouvoir et de l'altruisme chez nos plus proches parents, les chimpanzés. Un bon chef doit posséder de solides qualités d'attention à l'autre, c'est pourquoi les mâles alpha, ou mâles dominants, consolent fréquemment leurs congénères. De même, chez les premiers humains, le soin apporté à autrui est l'un des plus puissants instincts et constitue le fondement biologique de l'altruisme étendu aux individus qui n'ont pas de lien de parenté entre eux. Au tout début de notre histoire, la préoccupation de l'autre a donc constitué un facteur crucial pour le développement de l'empathie et de l'autonomie.

Cette partie examine également l'expansion de la civilisation humaine, l'époque où nous existions en tant que chasseurs-cueilleurs égalitaires et coopératifs pendant plus de 95 % du temps. Elle aborde également le fait que nous sommes entrés dans une ère où les êtres humains ont acquis le pouvoir d'altérer dangereusement l'état de leur planète. À moins que des mesures draconiennes ne soient prises, nous allons vers la sixième extinction majeure depuis l'apparition de la vie sur terre, annihilant des centaines d'espèces connues et inconnues tout en créant d'immenses souffrances et des destructions considérables pour les générations à venir. Pourtant, nous disposons aujourd'hui du savoir-faire technologique qui nous permettrait d'éviter une telle catastrophe, mais la volonté et la conviction de mettre en œuvre les solutions existantes nous font cruellement défaut.

La deuxième partie, « Les points de vue de la psychologie, de l'endocrinologie et des neurosciences », partage la conviction que le potentiel de changement intérieur et de plasticité neuronale est possible à condition d'orienter nos intentions de telle sorte que nous puissions influencer directement notre comportement et nos interactions avec autrui. Dans cette deuxième partie sont abordées les motivations du pouvoir et de l'altruisme, ainsi que la capacité de transformer l'autorité en une préoccupation de l'autre, à condition que nous décidions d'approfondir les aspects sombres de notre personnalité afin de créer davantage d'espace pour l'amour. Les récentes recherches dans les domaines des sciences sociales et des neurosciences contemplatives montrent que cette capacité de transmutation est effective lorsque le sujet s'astreint à des programmes d'entraînement de l'esprit fondés sur des pratiques de méditation, courtes mais régulières, qui permettent de développer des qualités humaines telles que la vigilance, l'altruisme, la compassion et la compréhension du point de vue d'autrui. Ces pratiques méditatives ne débouchent pas seulement sur des changements spécifiques dans le cerveau, elles aident également à réduire le stress, à améliorer la santé et les fonctions du système immunitaire. Les dernières découvertes en neurosciences présentées dans cet ouvrage nous donnent des aperçus du rôle des hormones et des neurotransmetteurs sur les systèmes motivationnels. Ainsi a-t-il été démontré que l'ocytocine, l'hormone la plus étroitement associée au souci de l'autre, favorise la confiance, l'attachement, et les comportements prosociaux et affiliatifs.

Il a aussi été montré que la testostérone, l'hormone qui est le plus souvent liée au pouvoir et aux comportements agressifs, favorise certains comportements d'aide, surtout si ces derniers débouchent sur un accroissement du prestige et de la réputation de l'individu.

La troisième partie, « Les points de vue des traditions spirituelles et religieuses », traite de la conception du message fondamental des principales religions : l'amour, valeur partagée par des chefs religieux théistes et non théistes. Ce message d'amour s'exprime également dans les cultures autochtones qui font preuve d'une profonde bienveillance envers la Terre Mère. Le déséquilibre entre pouvoir et altruisme au sein des religions est également traité en tant que problème qui a sa source dans l'émergence récente de la notion de puissance dans la religion, puissance qui a pour but de convertir les autres et qui s'exerce par la coercition, la conquête, la violence et la destruction.

La quatrième partie, « Les points de vue économiques et sociaux », insiste sur la capacité de développer notre esprit et notre cœur afin de changer les motivations égoïstes et individualistes en intentions plus bienveillantes et affiliatives, susceptibles de favoriser le comportement prosocial et la coopération mondiale. Il s'agit là d'une démarche cruciale si l'on veut construire des sociétés plus durables qui œuvrent ensemble à des buts communs.

Le débat porte également sur les événements récents, dont la crise financière, mais aussi sur l'émergence de nouveaux modèles économiques et organisationnels plus réalistes et solidaires, fondés sur l'empirisme, modèles qui impliquent des critères de viabilité et d'altruisme. Ces modèles ont le potentiel nécessaire pour restructurer nos institutions sur le plan de l'éducation, de l'économie, de la politique, du droit et du monde des affaires, mais également au niveau personnel.

Enfin, la cinquième partie, intitulée « Engagement personnel et responsabilité mondiale », met l'accent sur les œuvres d'art et l'activisme, en montrant que l'art permet d'exprimer des concepts parfois trop abstraits pour être compris par l'intellect, ainsi que des stratégies pour établir la paix. Elle traite également de l'émergence de nouvelles organisations qui travaillent comme des organismes vivants par opposition aux conceptions de l'entreprise en tant que « machine ». Ces activités sont particulièrement importantes dans la mesure où elles aident à créer une société composée de citoyens plus responsables et plus soucieux d'autrui, une société où toutes les voix sont reconnues et entendues, une société, enfin, qui contribue à élargir le cercle de la compassion. En développant la sollicitude et l'altruisme en chacun de nous, et dans la société, nous accédons à notre potentiel naturel de bonté et de coopération afin d'utiliser ces forces pour accomplir un bien optimal.

Créer un monde plus compassionnel

Ces dialogues qui explorent les forces du pouvoir et de l'altruisme – valeurs qui structurent le développement humain aux niveaux individuel et collectif – ont pour objectif de promouvoir des idées permettant d'associer ces deux notions de façon plus consciente et plus fructueuse.

L'institut Mind and Life souhaite que ce livre soit une source d'inspiration pour les lecteurs et les acteurs sociaux animés de compassion qui œuvrent partout dans le monde. Nous espérons également qu'il constituera un important catalyseur, susceptible d'inspirer des idées et des projets de recherche nouveaux, mais aussi de concevoir des structures de gouvernance et de société, ainsi que des modes de gouvernement capables de promouvoir l'épanouissement des êtres humains et la sauvegarde de notre planète.

PREMIÈRE PARTIE

Les points de vue de l'éthologie, de l'anthropologie et de l'écologie

Cette première discussion débute par une allocution d'ouverture de Sa Sainteté le Dalaï-Lama. Ensuite, Frans de Waal nous offre une présentation très détaillée des concepts de pouvoir et d'altruisme en examinant les interactions complexes de ces forces chez les primates. Puis le professeur émérite Sarah Blaffer Hrdy explique comment, depuis les premiers stades de l'histoire de l'humanité jusqu'à nos jours, les humains ont développé une façon unique de dispenser des soins maternels et paternels à leur progéniture et de se préoccuper mutuellement les uns des autres au sein du groupe. Enfin, Johan Rockström révèle l'impact du pouvoir et de l'altruisme dans l'état actuel de notre planète et sur le destin des générations futures.

Le modérateur de cette première discussion est Matthieu Ricard, détenteur d'un doctorat en biologie moléculaire, moine bouddhiste au monastère de Shéchèn, au Népal, travailleur humanitaire, écrivain et photographe.

Discours d'ouverture
de Sa Sainteté le Dalaï-Lama

Je suis très heureux que cette rencontre de Mind and Life sur les thèmes du pouvoir et de l'altruisme se déroule à Bruxelles, sur le continent européen.

Ma première visite en Europe remonte à 1971. Lors de ce séjour, j'ai pu constater que les pays européens possédaient un haut niveau de développement matériel, particulièrement dans les domaines de la technologie et des sciences contemporaines. Au cours de ce voyage, j'ai également compris que les gens qui jouissent de tout le confort matériel n'étaient pas forcément heureux. Ils souffrent d'un excès de stress, et d'un esprit de compétition qui engendre, entre autres émotions, la jalousie. Cette constatation m'a amené à penser que le développement matériel octroie sans aucun doute le confort physique mais non la paix de l'esprit.

Le seul développement matériel ne saurait garantir le bonheur d'une personne ou d'une famille. Donc, si l'on veut réellement traiter les problèmes au niveau psychologique, tels que la drogue et l'alcool qui procurent un bien-être temporaire, il faut regarder l'esprit.

Chez les Tibétains, la connaissance de l'esprit et des émotions est bien plus développée que chez les Européens. Depuis le VIIIe siècle, nous avons intégré les connaissances de l'Inde ancienne, y compris la psychologie, que nous avons préservées pendant plus de mille ans, grâce à une étude et à une pratique rigoureuses.

Lors de ce premier voyage en Europe, j'ai eu le sentiment que le partage de cette connaissance pourrait contribuer à instaurer la paix intérieure, que l'on soit ou non croyant.

Après tout, nous sommes tous des êtres vivants : au niveau physique, émotionnel et mental, nous sommes identiques. Nous voulons mener une vie heureuse et, quand nous parlons de bonheur, nous ne devons pas oublier la paix intérieure. Et c'est précisément cette notion qui a été à l'origine des dialogues de l'institut Mind and Life.

À la recherche de réponses par l'investigation et l'expérimentation

Au début de mes rencontres avec des scientifiques contemporains, certains moines et érudits plus âgés que moi ont émis des réserves. Ils avaient le sentiment que la science occidentale faisait preuve d'une trop grande étroitesse d'esprit et n'était pas sans dangers. Une personne m'a même averti en ces termes : « Dialoguer avec des scientifiques est une affaire très grave. Aussi, soyez prudent. La science tue la religion. »

J'ai ensuite réfléchi aux propos que le Bouddha avait tenus à ses disciples : « Les moines et les érudits ne doivent pas accepter mon enseignement sur la seule base de la foi ni par dévotion, mais plutôt en se fondant sur l'investigation et l'expérimentation. » Je me suis donc dit qu'il n'y avait aucun problème. Le scepticisme est un élément essentiel si l'on veut mener une recherche dans le but de comprendre la réalité ou de trouver une solution. Si vous croyez en quelque chose, alors les questions cessent de se poser et, en l'absence d'interrogation, l'incitation à analyser n'a plus de raison d'être.

Cette réflexion m'a amené à la conclusion que, d'une manière générale, la recherche scientifique et l'enseignement du Bouddha, surtout celui qui est issu de la tradition de Nalanda*, sont analogues : il s'agit d'investiguer de façon impartiale et dans un esprit ouvert.

Les bénéfices mutuels du partage des connaissances

Grâce à l'héritage du bouddhisme indien – particulièrement celui de l'université de Nalanda –, la tradition tibétaine a accumulé un savoir immense et très ancien. Bien que les textes bouddhistes de l'Inde ancienne fassent état de particules et d'atomes, qu'ils aient élaboré la théorie d'un monde composé de cinq

---

* Nalanda fut la plus célèbre université bouddhiste de l'Inde ancienne. Elle fut fondée au début du IIe siècle et perdura jusqu'à la fin du XIIe siècle, début du XIIIe siècle, date à laquelle elle fut rasée par les hordes musulmanes conduites par Mohamed Khilji. Elle compta de nombreux et célèbres philosophes bouddhistes, tels Asanga, Vasubandhu et Nagarjuna. *(N.d.T.)*

éléments* et qu'ils aient émis l'idée selon laquelle tout provient de l'espace et s'y résorbe, le partage des découvertes scientifiques qui a lieu au cours de ces rencontres s'avère d'une aide considérable pour nous autres, érudits bouddhistes.

Et, réciproquement, la connaissance que nous avons développée et maintenue tout au long des siècles a permis aux scientifiques d'acquérir des données utiles sur le fonctionnement de l'esprit et des émotions destructrices. Donc, si l'on s'en tient à une approche strictement non religieuse, nous pouvons apprendre les uns des autres sur des sujets tels que la nature de la réalité et le sens de notre condition humaine commune.

L'Europe : tirer les leçons du passé, aller de l'avant

Rappelons-nous qu'ici, sur le continent européen, beaucoup de guerres et de massacres ont eu lieu tout au long des siècles. Au XXᵉ siècle a éclaté la Première Guerre mondiale, suivie de la Seconde Guerre mondiale, des conflits qui ont principalement impliqué des pays européens. Au cours de ces guerres, des actes d'une violence inouïe se sont déroulés. Selon les données de l'Histoire, cent millions de personnes ont été tuées.

Au XXIᵉ siècle, les hommes sont toujours confrontés à des désaccords et la réponse immédiate qui leur vient à l'esprit est de les résoudre par la force.

---

* Selon l'*Abhidharma*, l'un des grands textes philosophiques du bouddhisme, il s'agit des éléments suivants : la terre, l'eau, le feu, l'air et l'éther. *(N.d.T.)*

Malheureusement, de nos jours, certains groupes religieux créent des dissensions, la religion devenant elle-même la cause de davantage de tueries. Pourtant, toutes les religions enseignent l'unicité de l'humanité. Selon les religions monothéistes, les sept milliards d'êtres humains ont été créés par Dieu, et selon les religions non théistes, nous sommes tous identiques : des êtres à la recherche de la paix et du bonheur.

L'histoire de ce continent est marquée par la violence et la guerre ; les Européens ont vécu d'immenses souffrances. Pourtant, ces événements les ont amenés à développer une plus grande maturité. Dans le passé, l'un des facteurs qui a contribué à développer cette violence a été l'importance accordée au nationalisme, aux notions de « mon » pays, « leur » pays… Aujourd'hui, l'Europe moderne a créé l'Union européenne.

Un jour, dans les années 1990, mon très cher ami aujourd'hui disparu, Carl Friedrich von Weizsäcker – que je considère comme mon précepteur en matière de physique quantique –, m'a dit que, lorsqu'il était jeune, tous les Français considéraient l'Allemagne comme leur ennemie. Et inversement, aux yeux des Allemands, la France était le pays adverse. Cette attitude a maintenant totalement changé. La reconnaissance des valeurs intérieures est un indice de progrès et de développement. De même, aux États-Unis, de plus en plus de personnes, y compris des institutions, des universités et même des villes, témoignent d'un réel intérêt pour la notion de paix intérieure, en développant la pratique de l'amour et de la compassion.

Aujourd'hui, le continent européen, doté de l'Union européenne, possède une base positive à partir de laquelle cultiver ces valeurs. Je suis persuadé que l'Europe peut œuvrer à rendre l'humanité plus heureuse, les termes de bien-être matériel et physique, mais aussi de développement intérieur, à condition qu'elle acquière une parfaite connaissance du fonctionnement de l'esprit et des émotions. C'est ainsi, j'en suis certain, que l'on parvient à la paix intérieure. Tel est mon souhait et mon espoir.

Chapitre 1

Le pouvoir et l'altruisme chez les primates mâles alpha

Frans B. M. de Waal

Frans B. M. de Waal est professeur de psychologie et directeur du Living Links Center (Centre des chaînons vivants) au Yerkes National Primate Research Center, à l'université Emory d'Atlanta, aux États-Unis. Il est, en outre, professeur émérite de l'université d'Utrecht, aux Pays-Bas, et l'auteur de nombreux ouvrages.

Votre Sainteté, mes recherches en tant que primatologue et éthologue ont porté, toute ma vie durant, sur les chimpanzés, nos plus proches parents. Ce travail m'a amené à affirmer que les concepts de pouvoir et d'altruisme s'appliquent également à eux.

La politique des chimpanzés

La « politique des chimpanzés » est une expression que nous utilisons pour décrire la complexité des relations sociales des grands singes* en rapport avec les notions de pouvoir et de domination. Nous employons le terme « politique », parce que ce n'est pas nécessairement le singe le plus grand et le plus fort qui est le mâle dominant, encore appelé mâle alpha. Il est tout à fait possible que ce soit au contraire le plus petit.

La domination est entièrement fondée sur des coalitions et repose sur la question suivante : « Est-ce que tu as le soutien des femelles ? Est-ce que tu as le soutien des autres mâles ? » Être un mâle alpha implique qu'il faut être capable d'assurer le bien-être de ses partisans. Sinon, ils cesseront d'apporter leur soutien. C'est donc un mode de comportement tout à fait semblable à un système politique. La force physique est un élément important, mais il n'est pas le seul à entrer en ligne de compte.

La démonstration du pouvoir et de la domination chez les chimpanzés

Le langage corporel de la domination est très clair chez les chimpanzés. Les deux adultes mâles que l'on voit sur l'image 1.1 sont de même taille, mais celui qui se trouve à gauche est le mâle dominant. Il indique son

---

* Les éthologues ont établi une distinction nette entre les singes et les grands singes. Les grands singes, appartenant à la famille des hominoïdés, dont fait partie l'homme, se différencient des singes par certaines caractéristiques : un cerveau plus développé doté de capacités cognitives plus étendues, une taille et un poids plus importants, l'absence de queue et des bras plus longs et plus mobiles. Parmi les espèces de grands singes figurent les chimpanzés, les bonobos, les gorilles et les orangs-outans. *(N.d.T.)*

statut en marchant avec assurance sur ses deux pattes arrière. Le chimpanzé de droite, montre sa soumission en se courbant et en grognant.

1.1. Les chimpanzés emploient un langage corporel très clair pour exprimer la domination et la subordination. (Photo : Frans B. M. de Waal)

La démonstration du pouvoir et de la domination chez les êtres humains

Il en va de même dans l'espèce humaine : le langage corporel indique très clairement qui est dominant et qui est subordonné ; le statut est visible d'une manière qui n'est pas très différente de celle des chimpanzés. Comme on l'observe dans les contextes politiques ou royaux, les humains dominants affichent une démarche pleine d'assurance, se gonflent d'importance, s'asseyent sur un trône, etc. Si vous entrez dans la salle de réunion d'un conseil d'administration de vingt-cinq personnes, en moins de trente secondes, vous identifierez la personne dominante, rien qu'en observant son langage corporel.

Études sur l'empathie et les comportements de consolation

Quant à l'altruisme, j'aimerais partager certains exemples tirés de nos études récentes sur l'empathie et les comportements de consolation chez différentes espèces. Telle qu'elle est définie dans le dictionnaire, l'empathie est la capacité de comprendre et de partager les sentiments de l'autre. D'après cette définition, on constate qu'il y a deux composantes : la compréhension, qui est l'élément cognitif de l'empathie, et le sentiment, qui en est l'élément émotionnel. Lorsque nous observons les animaux, nous étudions le plus souvent la composante émotionnelle de l'empathie en nous posant les questions suivantes : « Sont-ils en phase avec leurs émotions respectives ? » Chez les mammifères, il y a concordance. La raison pour laquelle la grande majorité des gens ont des chats ou des chiens chez eux, et non pas des lézards ou des poissons, c'est que les humains aiment les mammifères. Nous apprécions l'échange émotionnel que nous avons avec eux. Ils comprennent nos émotions et nous comprenons les leurs.

Nous avons récemment acquis quantité de preuves de l'existence de l'empathie chez toutes sortes de mammifères. Au cours d'une étude menée sur des campagnols – un petit rongeur parent de la souris –, les neurosciences nous ont appris que leur comportement de consolation est très semblable à l'attitude empathique des humains. L'action de consoler consiste à calmer la personne en détresse en établissant un contact corporel avec elle.

Dans une autre étude, nous avons observé l'attitude de consolation chez les bonobos du Lola ya Bonobo Sanctuary, près de Kinshasa, dans la République démocratique du Congo. Tout comme les chimpanzés, les bonobos sont très proches de nous. Lorsqu'un bonobo perd un combat, un autre s'approche de lui pour le réconforter, c'est ce que nous appelons une attitude de consolation. C'est leur principal mode d'expression de l'empathie. Les chimpanzés et les bonobos font souvent preuve de comportement de réconfort, alors que beaucoup d'autres primates, tels que les singes, ne manifestent pas toujours de telles attitudes empathiques.

Il est important de souligner que les bonobos de cette réserve sont des orphelins traumatisés. En tant que victimes du gibier de brousse, ces singes sont le plus souvent retirés des circuits de trafic d'animaux lorsqu'ils sont très jeunes, puis élevés par des hommes. Donc, la plupart des animaux de cette réserve ont connu dès leur plus jeune âge un développement affectif anormal. Pourtant, il se trouve parmi eux quelques bonobos élevés par leur mère ; et c'est d'eux dont je voudrais vous parler.

Dans le graphique 1.2, qui souligne les comportements de consolation et leur fréquence, on voit clairement que les jeunes bonobos témoignent davantage de réconfort que les adultes. Ce qui s'explique vraisemblablement par le fait qu'au fur et à mesure qu'ils grandissent les adultes deviennent plus sélectifs à l'égard des congénères qu'ils vont réconforter. Les jeunes consolent quasiment tout le monde, tandis que les bonobos plus âgés n'adoptent des attitudes de consolation qu'envers leur famille, leurs amis, etc. Par contre, si l'on observe les bonobos élevés par leur mère, ceux-ci font preuve de beaucoup plus de sollicitude que n'importe lequel de leurs congénères (dans cette étude, les seuls bonobos élevés par leur mère étaient encore très jeunes).

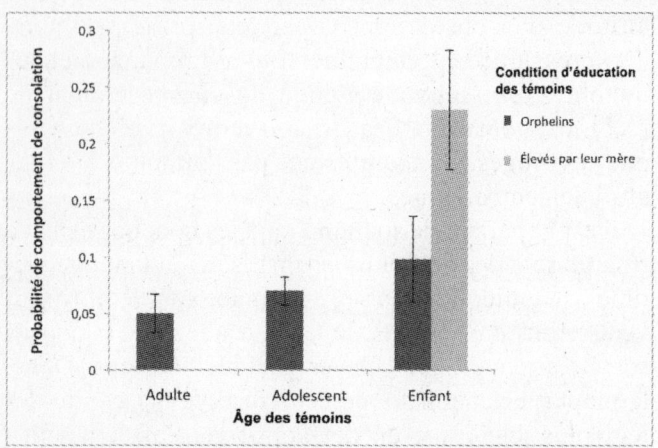

1.2. Effets de l'âge et des modes d'éducation des témoins sur la probabilité de leurs comportements de consolation envers les victimes d'agression au Lola ya Bonobo Sanctuary. Le graphique expose la proportion de conflits (selon la méthode ETM, ou erreur type sur la moyenne). (Z. Clay et F. B. M. de Waal « Development of Socio Emotional Competence in Bonobos », *PNAS*, n° 110, 2013)

Étude de l'empathie chez les humains

Les premières études portant sur l'empathie humaine étaient également des études qui traitaient de la consolation. On demandait aux membres d'une famille de pleurer. Les scientifiques observaient la façon dont les enfants réagissaient à cette situation. Les jeunes enfants, y compris ceux qui n'avaient que 2 ans, se dirigeaient vers les membres de leur famille, les touchaient, les caressaient dans le but de les consoler, ce qui représente un acte d'empathie. Chez les enfants, les filles font preuve de davantage de réconfort que les garçons. D'un point de vue universel, l'empathie est plus élevée chez les mammifères femelles que chez les mammifères mâles.

L'incapacité de consoler autrui a également été mise en évidence chez les humains. Ainsi, toutes les études portant sur les orphelins traumatisés en Roumanie ont révélé des niveaux d'empathie extrêmement bas. Ces enfants ont une vie émotionnelle gravement perturbée. Dans le cas des bonobos privés de mère, on observe le même processus.

Qu'est-ce qu'un bon chef ?

Quand on évoque l'autorité associée au pouvoir, on a tendance à penser que le mâle dominant dans un groupe de chimpanzés doit être un tyran qui récolte tous les bénéfices et ne fait pas grand-chose d'autre, mais ce n'est pas tout à fait le cas. Chez les chimpanzés comme chez les humains, il y a deux types de mâles alpha : les dictateurs et les bons chefs.

1.3. Un mâle alpha intervient pour rétablir la paix. (Photo Frans B. M. de Waal)

Chez les chimpanzés, un chef avisé est celui qui maintient la paix. La photo 1.3. montre un mâle dominant qui se tient entre deux femelles. En fait, il est en train d'intervenir pour mettre fin à une bagarre qui les oppose ; c'est ce que fait très souvent un bon mâle alpha. Lorsque les mâles dominants sont des dirigeants compétents, ils font cesser les luttes qui éclatent entre leurs congénères, même entre deux petits chimpanzés. C'est là un geste très important car, si l'on n'arrête pas deux jeunes singes en train de se battre, leurs mères commencent à se battre elles aussi. J'ai entendu dire qu'il n'était pas rare que des conflits éclatent dans les centres de soin. Ainsi, la capacité de faire cesser les bagarres est une tâche très importante. Un bon mâle alpha est celui qui protège les faibles. Il devient, de ce fait, très apprécié.

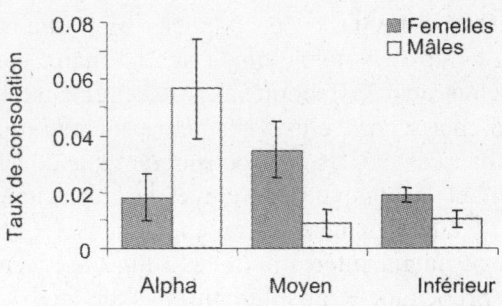

Statut du consolateur

1.4. Les mâles alpha sont les meilleurs consolateurs. Ce graphique montre la fréquence des attitudes de consolation apportées aux sujets en détresse en fonction du sexe et du statut des consolateurs. Il illustre l'implication de l'attitude de consolation en fonction du sexe. Les femelles apportent beaucoup plus de réconfort que les mâles, à l'exception du mâle dominant qui console tous ses congénères. (M. T., Romero, M. A., Castellanos, et F. B. M., de Waal, « Consolation as Possible Expression of Sympathetic Concern among Chimpanzees », PNAS, 107, 2010.

Caractéristiques d'un bon mâle alpha : pacificateur, consolateur et chef

Le mâle alpha ne se contente pas de maintenir la paix dans le groupe. Il est également celui qui offre le plus grand réconfort aux sujets qui se trouvent en difficulté ou qui ont été battus. Bien qu'il y ait des mâles dominants qui exercent leur autorité par la force et la terreur, la plupart d'entre eux prennent soin des autres. Un mâle dominant estimé est celui qui a besoin du soutien des autres, qui l'obtient, et qui est en retour soutenu par le groupe ; sinon, il ne pourrait certainement pas être un mâle alpha. Il est le pacificateur et le principal consolateur.

Le Dalaï-Lama : Ces données biologiques sont passionnantes ! Nous sommes des animaux sociaux. Il est clair que l'affection nous est précieuse et que nous la chérissons : c'est le facteur principal qui nous rassemble. Parfois, les gens considèrent que développer l'amour et la compassion relève de la pratique religieuse. Cette croyance les amène à penser que ceux qui n'ont aucun intérêt pour les religions du monde ne se préoccupent absolument pas de ces valeurs fondamentales ; ce qui est totalement faux. Je pense qu'en elles-mêmes des qualités telles que l'amour et la compassion sont indépendantes de la religion. Il s'agit de facultés humaines fondamentales qui relèvent de valeurs universelles.

Votre exposé est extrêmement intéressant, surtout la partie démontrant que les femelles sont les plus sensibles au comportement des autres. Chez les chimpanzés, ou chez n'importe quel autre animal, il n'existe pas de données montrant qu'ils déclenchent des hostilités contre un autre groupe, si l'on excepte les luttes à l'intérieur de leur propre cercle. Pourtant, chez les humains, la guerre fait partie de notre histoire. Pourquoi ? Les chimpanzés sont plus forts, du moins ils ont des mains plus puissantes que les nôtres, et pourtant ils ne semblent pas avoir cette sorte d'intelligence manipulatrice ni disposer de stratégies destinées à infliger la défaite. Seuls les hommes ont la capacité de créer des engins tels que les armes nucléaires. Aucun animal ne concevrait une chose pareille. Si nous voulons affronter les problèmes créés par l'homme et devenir plus constructifs, il nous faut associer notre chaleur humaine à notre intelligence. Sinon, lorsque notre intelligence s'allie à la haine, nous devenons destructeurs.

FRANS DE WAAL : L'Union européenne s'est élaborée après la Seconde Guerre mondiale, en tant que pacte politique. Elle est maintenant devenue un pacte économique mais, à l'origine, elle avait pour but de rapprocher la France de l'Allemagne sur la base du raisonnement suivant : si l'on accroît la valeur de la relation entre les deux pays de sorte qu'ils aient besoin l'un de l'autre, on réduit les risques de conflit entre eux.

Le pacte est un événement bien connu qui se produit chez les primates. Durant toute ma carrière, j'ai fait des études sur la réconciliation et la pacification chez les primates ; techniquement, nous appelons ce fait l'« hypothèse de la valeur relationnelle ». Par exemple, il est possible d'accroître la valeur de la relation entre deux singes en leur donnant de la nourriture à la seule condition qu'ils travaillent ensemble. Puis, si l'on provoque un conflit, on constate qu'ils se réconcilient beaucoup plus facilement. La dépendance mutuelle est un facteur prépondérant qui empêche la guerre, ce qui peut être démontré chez les animaux. Dans ce cas, ni la religion ni nécessairement la politique n'entrent en ligne de compte. On le constate chez les animaux. Ils le comprennent.

LE DALAÏ-LAMA : N'avez-vous pas utilisé, au début de votre intervention, l'expression la « politique du chimpanzé » ?

Frans de Waal : Oui, mais il n'est pas forcément nécessaire de faire appel à ce concept, parce que beaucoup d'animaux ont un fort lien d'attachement et ont développé une dépendance mutuelle, ce qui constitue un puissant mécanisme qui empêche l'agression. L'Union européenne est fondée sur ce principe.

Chapitre 2

Le pouvoir transformateur des soins nourriciers

Sarah Blaffer Hrdy

Sarah Blaffer Hrdy est anthropologue évolutionniste, professeur émérite à l'université de Californie, Davis, ancienne détentrice de la bourse Guggenheim, membre de la National Academy of Sciences, de l'American Academy of Arts and Sciences, de la California Academy of Sciences et de l'American Philosophical Society. Citons parmi ses nombreux livres : La Femme qui n'évoluait jamais ; Les Instincts maternels ; Comment nous sommes devenus humains. Les origines de l'empathie.

Votre Sainteté, j'aimerais parler du pouvoir transformateur des soins nourriciers : comment ils permettent d'expliquer les processus par lesquels les grands singes dont la lignée a conduit à l'apparition du genre *Homo*, c'est-à-dire notre lignée, sont devenus encore plus empathiques et plus intéressés par ce que les autres pensent et ressentent que les singes qui nous sont très proches et dont Frans de Waal vient de nous entretenir. La question est la suivante : « Comment peut-on utiliser les connaissances des anthropologues évolutionnistes sur les origines de l'homme afin d'inciter les puissants à se préoccuper davantage d'autrui ? »

Les origines de l'altruisme chez les premiers humains

Les plus proches représentants que nous ayons, nous humains, avec notre dernier ancêtre commun et avec d'autres primates sont les grands singes qui existent encore, tels que les chimpanzés. Tout comme chez les humains, il existe chez les chimpanzés un lien très étroit entre la mère et sa progéniture. Mais il y a toutefois une différence importante : après l'accouchement,

2.1. Après la naissance, la mère chimpanzé, extrêmement possessive et protectrice, tient son bébé étroitement serré contre elle pendant des mois. (Photo : Jutta Hof)

la mère chimpanzé, qui est d'une extrême possessivité, ne permettra pas que son bébé soit séparé d'elle un seul instant, de jour comme de nuit, pendant des mois (photo 2.1).

Réciproquement, le bébé s'accroche à elle comme si sa vie en dépendait et, de fait, elle en dépend. Une mère chimpanzé allaite son petit environ cinq ans mais, une fois sevré, le jeune ne dépend plus de quiconque pour se nourrir. Personne ne vient plus l'aider à trouver de la nourriture.

Par contre, parmi les chasseurs-cueilleurs – groupes humains qui élèvent leurs enfants d'une manière sans doute très proche de celle de nos ancêtres du Pléistocène –, les mères non seulement permettent mais encouragent d'autres personnes à tenir leurs nouveau-nés (photo 2.2). Un jeune enfant reste en même temps dépendant de sa mère pendant des années[1].

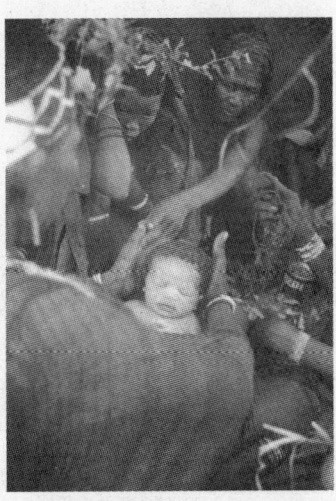

2.2. Cette mère, appartenant à une communauté de chasseurs-cueilleurs, vient d'accoucher et remet son bébé entre les mains de sa propre mère afin qu'elle masse le crâne du nouveau-né, tandis que d'autres membres du groupe attendent de prendre le bébé dans leurs bras. (Photo : Marjorie Shostak/Anthro-Photo)

L'une des raisons qui explique cette différence frappante réside dans le fait qu'une mère chimpanzé ne peut pas faire confiance aux adultes qui l'entourent, c'est-à-dire être sûre qu'ils ne blesseront pas son enfant, alors que les mères des communautés de chasseurs-cueilleurs peuvent se fier aux autres femmes. De plus, une mère d'un groupe de chasseurs-cueilleurs est parfaitement consciente que l'aide apportée par les autres est essentielle à la survie de son bébé. Ne vous méprenez pas : les mères ont une importance capitale. Toutefois, tout comme au sein des peuples de chasseurs-cueilleurs en Afrique aujourd'hui, un bébé né chez nos ancêtres aura passé presque tout le premier jour de sa vie dans les bras des allomères – terme qui désigne les femmes ou les hommes autres que la mère biologique (photo 2.3).

2.3. Dans cette reconstitution artistique de l'*Homo crectus* d'il y a deux millions d'années, une mère tend son bébé à une allomère, en l'occurrence, un proche plus âgé. (Dessin de Viktor Dik/copyright SBH Lit.)

Rôle parental chez les chasseurs-cueilleurs : l'aide d'autrui est essentielle à la survie

Les allomères peuvent être des enfants plus âgés, des grand-mères, des pères, des tantes, des cousines ou même une autre femme sans lien de parenté avec le nouveau-né. Si cette femme étrangère à la fratrie est elle-même en train d'allaiter, elle peut très bien donner brièvement le sein au bébé. Chez les chasseurs-cueilleurs, les bébés sont sevrés plus tôt que chez les grands singes. Lorsque le moment du sevrage approche, les allomères aident la mère en fournissant la nourriture, qu'elles prémastiquent avant de la donner ensuite au jeune enfant. Ce fait est important parce qu'il nous fournit la preuve que, chez les peuplades qui vivent encore de chasse et de cueillette – peuplades étudiées par les premiers anthropologues –, les jeunes enfants qui, dès l'âge d'un an, reçoivent des soins de nombreuses personnes ont beaucoup plus de chances de survivre jusqu'à 3 ans. Il n'est donc pas étonnant que les très jeunes enfants qui bénéficient du plus grand nombre d'allomères soient ceux qui ont les plus grandes chances de survie.

Il n'y a pratiquement aucun autre mammifère qui donne naissance à des enfants qui grandissent aussi lentement que les nôtres ; de même, aucune espèce n'a une progéniture qui soit aussi coûteuse en énergie que la nôtre. Chez les grands singes, une fois sevrés, les jeunes primates s'approvisionnent par eux-mêmes, tandis que, chez les humains, les enfants restent dépendants pendant quinze à vingt ans, ayant besoin de l'apport de la nourriture fournie par d'autres membres du groupe[2].

L'assistance allomaternelle permet d'alimenter les cerveaux coûteux en énergie

Il faut treize millions de calories pour élever un enfant depuis la naissance jusqu'à ce qu'il soit en âge de produire autant de calories qu'il en consomme. Pourtant, les enfants des chasseurs-cueilleurs sont sevrés plus tôt. Les courts intervalles entre les naissances signifient qu'une mère est vraisemblablement enceinte d'un autre enfant ou qu'elle l'allaite bien avant que son aîné soit devenu indépendant[3]. Une mère seule ne serait pas en mesure de répondre à toutes ces demandes de soin conjuguées[4]. Au cours du Pléistocène, les demandes en énergie nécessaires au développement et au maintien des jeunes cerveaux de l'*Homo sapiens* ont amplifié le défi de nourrir une progéniture qui se développait lentement. Les cerveaux sont des organes qui exigent de grosses dépenses énergétiques pour se développer et se maintenir. En deux millions d'années, la taille des cerveaux a doublé, passant de 450 centimètres cubes chez nos derniers ancêtres communs, chez d'autres espèces de singes et chez les Australopithèques, à plus de 900 centimètres cubes.

Lors de l'émergence de l'*Homo sapiens*, les cerveaux avaient évolué jusqu'à atteindre 1 359 centimètres cubes de matière grise. De plus, les scientifiques viennent de découvrir que la demande métabolique des cerveaux humains ne culmine pas avant 4 ou 5 ans, ce qui aurait lieu après le sevrage de l'enfant appartenant à une communauté de chasseurs-cueilleurs[5]. L'énergie supplémentaire nécessaire pour nourrir ces cerveaux beaucoup plus gros devait donc provenir d'une autre source que celle de la mère. Ce qui fait que le partage des soins par les membres du groupe s'avérait une activité vitale.

L'importance du partage des soins et de l'approvisionnement

Le défi que représentait le maintien d'enfants aussi dépendants a sans doute été aggravé par le climat africain du Pléistocène, qui se caractérisait par des pluies imprévisibles et des sécheresses fréquentes. En fait, même s'il y avait davantage de viande dans l'alimentation, la chasse n'en demeurait pas moins un mode de vie très précaire. Les études effectuées sur des communautés de chasseurs-cueilleurs africains d'aujourd'hui révèlent que les chasseurs ne trouvent pas toujours du gibier et qu'ils n'apportent que 40 % des calories requises dans l'alimentation. Les 60 % de calories restants sont la contribution des femmes qui cueillent des plantes comestibles. Les grand-mères et les femmes plus âgées qui ont dépassé l'âge d'élever des enfants contribuent de façon cruciale à l'apport de la nourriture partagée entre les membres du groupe (photo 2.4)[6].

Je suis d'accord avec l'anthropologue Kristen Hawkes et ses collègues qui affirment qu'à la différence des autres grands singes la raison la plus plausible qui explique pourquoi les femmes continuent de vivre pendant des décennies après la ménopause réside dans le rôle essentiel qu'ont joué ces femmes chez nos ancêtres, rôle qui consistait à s'occuper des jeunes enfants et à pourvoir à leur nourriture. La survie plus longue des femmes ménopausées était l'une des implications évolutionnistes de la grande histoire de l'humanité, fondée sur le partage des soins et de l'approvisionnement. Mais le message est clair : il aurait été totalement impossible que les humains émergent sur la « terre de Darwin » si les mères n'avaient pas bénéficié d'une aide considérable.

2.4. Une grand-tante de 62 ans, appartenant à l'ethnie Hazda, déplace un gros bloc de pierre pour déterrer des tubercules riches en féculents. Tous ses enfants sont morts et elle recueille de la nourriture pour ceux de sa sœur. (Photo reproduite avec l'autorisation de James O'Connell et Kristen Hawkes)

Les jeunes enfants sont conditionnés à prêter attention aux autres

Je pense que ce besoin d'assistance allomaternelle a eu de profondes implications pour les mères qui sont devenues de plus en plus sensibles à l'importance de l'aide et des soins qu'elles étaient vraisemblablement susceptibles de recevoir. Cette attitude a eu des implications pour les enfants qui grandissaient en étant dépendants des autres, et qui devaient compter sur eux pour leur survie. Les psychologues du développement ont découvert que les bébés humains, et les nouveau-nés des grands singes élevés en captivité, passent davantage de temps à regarder les visages des autres et à suivre leur regard lorsqu'ils sont tenus dans les bras d'une personne qui se trouve tout près de leur mère[7]. À l'âge de six mois, les bébés de nos ancêtres avaient l'habitude d'être tenus dans les bras d'autres personnes que leur mère ; ils commençaient spontanément à adopter des comportements visant à attirer l'attention, tels que le babillage. Les membres du groupe récompensaient ces attitudes en y prêtant attention, en donnant au jeune enfant de petites friandises, ce qui d'une manière générale encourageait les bébés à établir davantage de contacts[8].

Depuis des années, les psychologues savent que les enfants qui ont des frères et sœurs prennent plus facilement conscience de ce que l'on appelle la « théorie de l'esprit*». Les jeunes enfants qui bénéficient très tôt de plusieurs figures d'attachement** font preuve d'aptitudes

---

* La « théorie de l'esprit » désigne, en sciences cognitives, la capacité d'un individu à attribuer des états mentaux (tels que des pensées, des croyances, des sentiments et des désirs, aux autres et à soi-même. Voir également l'exposé de Tania Singer dans ce livre, p. 106. *(N.d.T.)*

** Élaborée par le psychiatre et psychanalyste anglais John Bowlby, la notion de figure d'attachement désigne la personne vers laquelle le jeune enfant dirige ses comportements d'attachement. Outre la mère, qui est la figure privilégiée, il peut y avoir

sociales plus développées dans leur vie[9]. Avant même de savoir parler, les petits humains témoignent d'un intérêt particulier à s'attirer les bonnes grâces des autres. Les très jeunes enfants partagent spontanément et, parfois, vont même jusqu'à prendre un peu de nourriture – différente de celle qu'ils préfèrent – pour l'offrir à une autre personne, s'ils estiment qu'elle peut l'apprécier[10]. Se prêter à ce type de comportement les réjouit[11].

Plusieurs dispensatrices de soins favorisent l'implication intersubjective

On a observé que des enfants entourés de nombreuses personnes qui prennent soin d'eux voient augmenter leurs facultés d'intégrer davantage de points de vue[12]. Ils se soucient de ce que les autres pensent et, lorsqu'ils tentent de communiquer, ils sont davantage capables de prendre en compte ce qu'une autre personne sait. Au cours de leur développement, ils grandissent en éprouvant de la fierté s'ils sont approuvés, et de la honte s'ils sont réprouvés. Ces mêmes enfants qui savent un peu mieux que les autres comment se concilier les bonnes grâces d'autrui et réclamer que l'on s'occupe d'eux sont ceux dont on s'occupe le mieux et sont donc les mieux nourris. Au fil des générations et au cours de l'évolution, de tels enfants ont sans aucun doute été dotés d'une plus grande aptitude à la survie ; ils étaient favorisés par la sélection naturelle

---

au sein du groupe parental ou extraparental de multiples autres figures d'attachement (tante, sœur aînée, grand-mère, etc.). *(N.d.T.)*

darwinienne[13]. Au cours de ce même processus, les personnes qui prennent soin des enfants ont, elles aussi, subi une transformation.

Les réponses psychobiologiques des personnes aidantes

Lorsque nous regardons un enfant très mignon, nos centres de la récompense qui se trouvent dans le cortex orbito-frontal sont stimulés[14]. Qu'il s'agisse de femmes ou d'hommes, de parents ou d'alloparents, nous répondons tous aux signaux des bébés[15]. On a observé de profonds changements psychobiologiques chez les pères qui s'occupent de leurs enfants. Les niveaux de prolactine s'élèvent au-dessus de leur point de référence, tandis que les taux de testostérone diminuent. Il peut également se produire une hausse de l'ocytocine – un neuropeptide associé lors de l'accouchement au réflexe d'écoulement du lait au moment de la lactation, et à l'orgasme féminin. Chez l'homme, les déclencheurs de ces réponses biologiques peuvent être les pleurs d'un bébé ou d'autres signaux indiquant un besoin. Toutefois, chez l'homme, ces éléments déclencheurs peuvent varier en fonction du nombre d'expériences précédentes de prise en charge d'un bébé, de sa propre relation avec sa mère et de son niveau de parenté génétique avec le nouveau-né. Néanmoins, un contact prolongé et intime demeure le facteur prépondérant. Les cerveaux masculins partagent nombre de réponses neuroendocriniennes analogues à celles que l'on observe chez les femmes. Même un bébé adopté provoque d'importantes hausses d'ocytocine, pourvu que le père soit intimement impliqué dans les soins apportés à l'enfant[16]. En d'autres termes : les parents tout comme les alloparents sont soumis à des réponses neuroendocriniennes identiques.

Au moment de la naissance de mon premier petit-fils, je me suis demandé comment j'allais réagir. Juste avant de le rencontrer pour la première fois, j'ai prélevé un échantillon de ma propre salive. Deux heures plus tard, j'en ai prélevé un autre. Et j'ai constaté une hausse de 63 % de mon taux d'ocytocine. Lorsque mon mari est rentré, avant même de l'étreindre, je lui ai remis une pipette en lui disant : « Mon chéri, crache là-dedans ! » Après avoir tenu son petit-fils dans ses bras pendant deux heures, son taux d'ocytocine avait légèrement augmenté. Le lendemain, après avoir à nouveau pris son petit-fils dans ses bras pendant deux heures, les niveaux d'ocytocine du grand-père avaient atteint le même niveau que le mien (photo 2.5).

Donc, si je ne me trompe pas, il y a deux millions d'années, quand est apparu *Homo erectus*, nos ancêtres avaient déjà commencé à partager les soins et les provisions. Cela signifie que, bien avant que les humains deviennent les singes les plus intelligents, les plus brillants et les plus ancrés dans la culture, et bien avant qu'apparaisse la sophistication du langage humain, nous étions déjà les primates les plus préoccupés du bien-être d'autrui et les plus enclins à le prendre en compte.

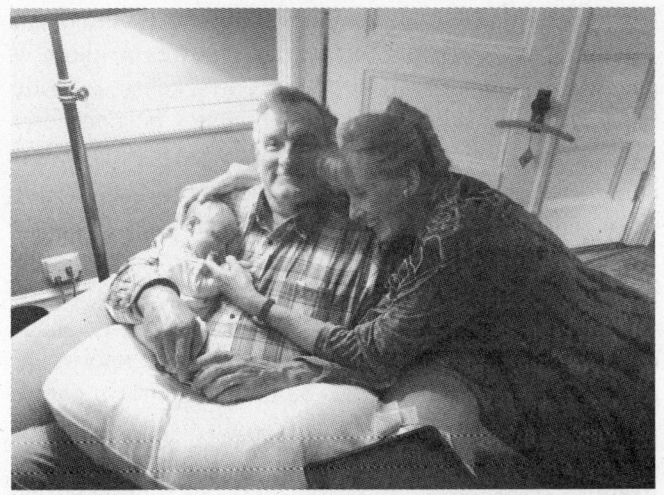

2.5. Une élévation temporaire du taux d'ocytocine analogue à celle constatée chez les mères, les pères et les parents adoptifs se produit également chez les grands-parents à la suite d'un contact prolongé et intime avec un nouveau-né. (Photo : Katrinka Hdry)

Les puissants peuvent-ils se préoccuper davantage du bien d'autrui ?

Votre Sainteté, ma question est la suivante : pouvons-nous faire appel à ces anciens potentiels de soins nourriciers si essentiels à l'espèce humaine afin de motiver les détenteurs du pouvoir à devenir plus attentifs au bien des autres ?

Cela me rappelle une mesure prise récemment à Rio de Janeiro, au Brésil. Le gouvernement avait ordonné d'éliminer les favelas de la ville. Au cours de ces opérations, des policiers ont été accusés d'avoir tiré sur des enfants des rues. En réponse à ces faits, quelqu'un a eu l'idée judicieuse de faire appel au pouvoir de transformation du soin prodigué à autrui en envoyant ces policiers taillés comme des armoires à glace et munis de gilets pare-balles dans des centres d'aide à la petite enfance et de leur demander de consacrer du temps à prendre des bébés dans leurs bras. Il est possible que cette expérience ait réveillé ces anciens potentiels émotionnels (photo 2.6). J'espère que cette initiative a donné des résultats positifs.

LE DALAÏ-LAMA : Lors d'une rencontre avec des scientifiques, on m'a parlé d'une série d'expérimentations qui a révélé que, fondamentalement, la nature humaine est compassionnelle et altruiste. Un esprit empreint de compassion est un esprit qui se préoccupe d'autrui. C'est logique parce que nous sommes des animaux sociaux. Comme il vient d'être exposé, pendant quelques années notre survie dépend entièrement des soins que les autres nous prodiguent. Telle est la nature : notre nature.

Lors d'une rencontre à Hawaï, un scientifique m'a fait part d'un fait étonnant à propos des tortues : la mère arrive, pond ses œufs et repart. Dès que les nouveau-nés brisent leur coquille, ils commencent immédiatement à lutter tout seuls pour leur propre survie. Si un œuf est sélectionné et que l'on garde la mère à proximité, lorsque l'œuf éclôt et que la mère et le bébé sont réunis, il n'y a aucun signe d'affection. À l'inverse, chez les humains, et même pendant la vie intra-utérine, la tendre affection d'une mère est un facteur crucial et positif pour la santé du bébé à naître, alors que la peur et la colère peuvent avoir des effets dévastateurs. Des scientifiques m'ont expliqué

2.6. Des policiers de Rio de Janeiro en contact intime avec des bébés lors d'un stage de sensibilisation destiné à les rendre plus bienveillants. (Photo : Lalo de Almeida/*The New York Times*/Redux)

que, même après la naissance, le contact physique avec la mère est essentiel au bon développement du cerveau du nouveau-né. Tels sont les facteurs biologiques de la nature humaine.

Celle-ci est fondamentalement bonne. Si vous êtes attentif à autrui, si vous faites un effort en ce sens, alors il y a un réel espoir. Si la nature humaine était essentiellement agressive et haineuse, il n'y aurait aucune raison d'espérer. Dans ce cas, nous ferions mieux de prier pour l'élimination de l'humanité sur cette planète. (*Rires.*)

Les enfants en bas âge sont naturellement compassionnels : leur nature humaine fondamentale est plus présente. Ils vivent et jouent ensemble sans tenir compte des différences de couleur de peau, de religion et de nationalité. Cependant, les problèmes surviennent lorsque nous grandissons et que nous entrons dans le système éducatif, parce que nous ne sommes pas suffisamment informés de l'importance de la compassion. Cette lacune engendre le pouvoir dans le sens négatif du terme – le pouvoir physique, économique, politique. Ces formes d'autorité nous induisent à instituer des clivages et des distinctions sur la base de la couleur de peau, de la religion et de la nationalité. Puis nous en venons à établir des différences à l'intérieur même d'un pays, au sein d'une religion commune : les gens riches ou pauvres, influents ou ordinaires. Et nous apprenons à devenir calculateurs : « Cette personne a de l'influence », ou : « Si je me lie d'amitié avec tel ou telle, j'en obtiendrai des avantages. »

Ces problèmes de discrimination existent parce que notre système d'éducation actuel ne prend pas en compte les valeurs intérieures. Nous avons coutume de parler d'« esprit sain dans un corps sain ». Mais bien qu'il y ait, de fait, une étroite relation entre les deux, la plupart d'entre nous ne se concentrent que sur le bien-être corporel. Nous ne nous préoccupons pas assez de parvenir à un état d'esprit plus sain. Une nouvelle approche des méthodes éducatives – non pas fondées sur la croyance religieuse, mais sur les seules découvertes scientifiques, l'expérience commune et le bon sens – nous permettrait de découvrir qu'un esprit plus compassionnel représente une aide considérable au maintien de l'équilibre physique. La compassion est également indispensable à l'instauration de bons rapports avec les autres et à l'arrêt des massacres.

Dans le monde d'aujourd'hui, le bien-être des milliards d'êtres humains est totalement interrelié. Lorsque je suis arrivé en Inde en 1959 en tant que réfugié, nous n'étions que six milliards. Or, nous l'avons vu, nous sommes maintenant plus de sept milliards. Et certains experts affirment que, d'ici à la fin de ce siècle, la population mondiale attendra dix milliards d'individus. En outre, il existe toujours un écart considérable entre les riches et les pauvres ; le réchauffement climatique est devenu un problème crucial. Le temps est venu de renoncer à l'esprit de compétition ; il nous faut travailler ensemble dans l'harmonie et développer le sens du partage : c'est-à-dire la compassion. Cette valeur est indispensable à notre survie.

Si l'on considère que le pouvoir est plus important que l'altruisme, les êtres humains ne cesseront jamais de se battre, ce qui est inadmissible. Alors que l'on tue sans vergogne quelques centaines de gens ici, quelques milliers d'autres ailleurs, considérer que la situation mondiale actuelle est acceptable fera du XXIe siècle une véritable catastrophe où ne se produiront que des massacres, des souffrances et des désastres. En revanche, estimer que la situation présente n'est pas satisfaisante et entreprendre beaucoup d'efforts pour la modifier, c'est agir avec compassion. Chacun de nous a le pouvoir d'œuvrer à un monde meilleur. Grâce à l'éducation, nous devrions avoir pour but de créer un XXIe siècle compassionnel !

Il se peut qu'un jour, grâce à la technologie, un spécialiste parvienne à transformer le cerveau humain afin qu'il soit plus enclin à la compassion. Puis, on en viendra peut-être à dire : « La colère et l'attachement se manifesteront toujours, il est donc préférable de supprimer les aires du cerveau qui correspondent à ces émotions. » Nous aurions alors des êtres humains qui n'éprouveraient plus aucun sentiment, ce qui ne serait pas d'un grand bénéfice. Mieux vaut utiliser nos cerveaux sophistiqués pour nous poser de vraies questions, pour raisonner et prendre réellement conscience du fait que les outrances de la colère détruisent notre paix intérieure. Pour expliquer ce fait, je raconte souvent l'histoire suivante : « Une femme dotée d'un beau visage peut être vraiment magnifique. Toutefois, lorsque la colère s'affiche sur son visage, sa beauté s'amoindrit. Par contre, lorsqu'une femme dont le visage n'est pas d'une beauté remarquable sourit et témoigne de l'affection, alors elle est réellement belle, n'est-ce pas ? » Il est important de comprendre qu'un esprit débordant de compassion apporte la paix intérieure, et qu'un visage empreint de bonté aimante suscite la confiance et la certitude ; il constitue la base de l'amitié.

Chapitre 3

Le maintien de l'humanité dépend d'une planète harmonieuse

Johan Rockström

Johan Rockström est professeur de sciences de l'environnement, spécialisé dans les ressources en eau douce et le développement durable mondial, à l'université de Stockholm, ainsi que directeur exécutif du Stockholm Resilience Center. C'est un scientifique de renom international en matière de problèmes de développement durable mondial et l'un des inventeurs du concept de « limites planétaires ».

Votre Sainteté, votre appel à l'instauration d'un siècle marqué par la compassion, par l'application collective du pouvoir et de l'altruisme pour le bien de notre planète, rencontre un soutien scientifique considérable. J'aimerais vous transmettre le message le plus récent expliquant pourquoi les membres de la communauté scientifique du monde entier et moi-même sommes de plus en plus inquiets devant notre incapacité à mettre en œuvre les notions de pouvoir et d'altruisme pour protéger l'avenir de notre planète Terre.

Passer d'un monde minuscule sur une grande planète à un monde gigantesque sur une planète minuscule

Nous avons construit nos sociétés et notre économie sur une supposition erronée : celle qui consiste à dire que nous constituons un monde restreint vivant sur une grande planète. Nous nous sommes développés en nous fondant sur la croyance selon laquelle les océans ont une réserve illimitée de poissons, les forêts peuvent être abattues et les gaz à effet de serre émis sur une planète qui peut absorber toutes sortes d'abus et qui pardonnera toujours ces excès sans jamais faire payer aucune facture à l'humanité.

Pourtant, la science montre clairement, avec des preuves accablantes, que nous avons maintenant atteint le point où nous représentons un monde gigantesque sur une planète minuscule. Nous avons déjà saturé l'intégralité de l'espace biophysique de la planète et de sa capacité à maintenir l'humanité dans le futur. Nous sommes arrivés à un point de non-retour qui nous interdit d'exclure des impacts majeurs, potentiellement irréversibles et catastrophiques, et qui risquent de saper nos capacités d'avenir. J'aimerais maintenant partager avec vous trois idées scientifiques qui étaient ce point de vue.

Bienvenue dans l'Anthropocène

Le premier point est que la science a accueilli l'ère de l'Anthropocène. *Anthropos* – terme qui nous désigne, nous, humains – signifie que les sept milliards deux cents millions d'individus que nous sommes constituent la plus grande force de changement géologique de notre planète Terre. Nous représentons une force tellement puissante que, aujourd'hui, nous avons commencé la sixième extinction de masse des espèces sur le globe : la première provoquée par une autre espèce. Ces faits ne sont pas fondés sur des hypothèses mais sur des observations.

La grande accélération des pressions sur notre planète

Le graphique 3.1 (page suivante) montre de façon flagrante ce qui s'est passé sur notre planète depuis la révolution industrielle de 1750 en Angleterre jusqu'à nos jours.

Nous constatons sur l'axe x que la courbe de l'impact très graduel de l'homme sur la planète Terre s'accélère soudain et se transforme en une hausse exponentielle. Nous nous concentrons d'ordinaire sur l'une de ces tendances, c'est-à-dire le dioxyde de carbone. Pourtant, si l'on prend en compte l'un ou l'autre de ces paramètres liés à l'activité humaine – qu'il s'agisse des forêts, des poissons, de la qualité de l'air, jusqu'à celui qui m'inquiète le plus, à savoir l'augmentation exponentielle du massacre des animaux et de l'élimination des plantes –, tous font état d'un énorme accroissement des pressions sur le globe.

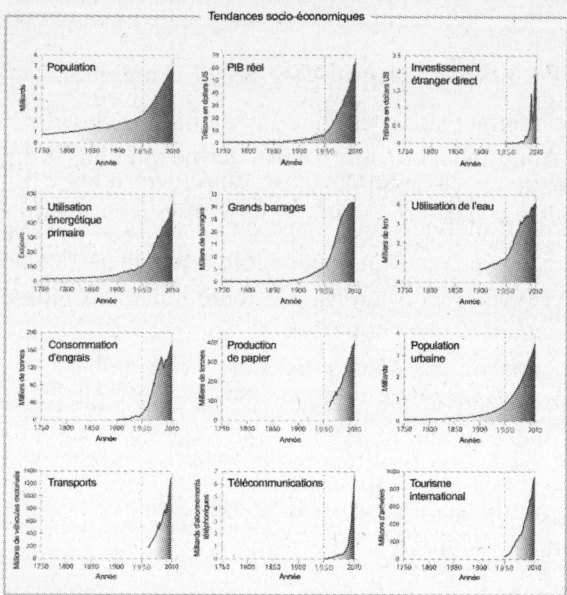
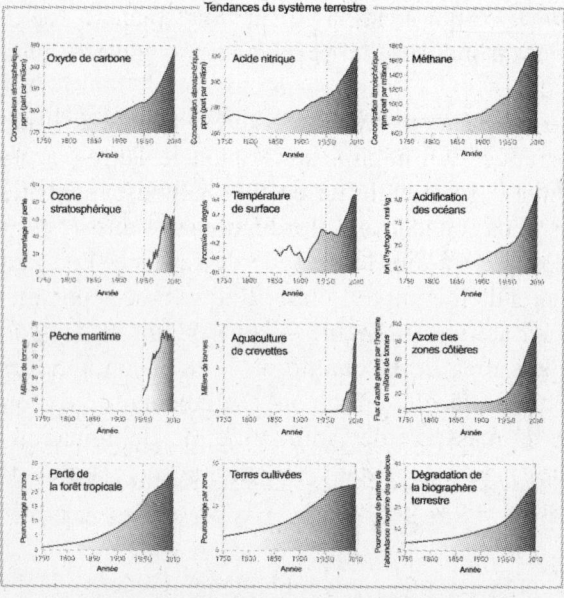

3.1. La grande accélération des pressions sur notre planète. (Crédit : Azote image pour le Stockholm Resilience Center)

En tant que scientifiques, nous estimions jusqu'aux environs de 1990 que la Terre pouvait supporter ces pressions. Mais, avant cette date, nous n'avions pas constaté de conséquences dramatiques dues à l'augmentation des gaz à effet de serre, à la déforestation ou à la surpêche. Toutefois, il y a environ vingt-cinq ans, nous avons commencé à observer des impacts massifs, soudains et catastrophiques : l'accélération de la fonte des glaces dans l'océan Arctique ; un effondrement des systèmes d'eau douce aux États-Unis ; une augmentation massive du nombre de sécheresses et d'inondations ; la disparition brutale de certaines parties de l'Antarctique. En 2015, nous avons également constaté l'effondrement des massifs coralliens à une très grande échelle en corrélation avec l'accélération du phénomène d'*El Niño* ; catastrophe provoquée par l'émission de nos gaz à effet de serre.

Nous en déduisons aujourd'hui que nous ne sommes pas seulement entrés dans une nouvelle ère, l'Anthropocène, où nous occupons la place du conducteur, mais que nous sommes également responsables de la gestion de la création que représente le miracle de notre planète. Sans oublier que nous courons de gros risques au cours de ce voyage.

L'Âge d'or de l'humanité

La seconde idée est que la science nous a permis d'identifier l'Âge d'or de l'humanité. En nous fondant sur les études des glaciologues du monde entier, qui ont analysé les données paléoclimatiques contenues dans les carottes de glace, nous sommes capables de dire maintenant ce qu'est l'état idéal de notre planète. Sur le graphique 3.2, l'axe x représente les derniers 100 000 ans sur notre planète.

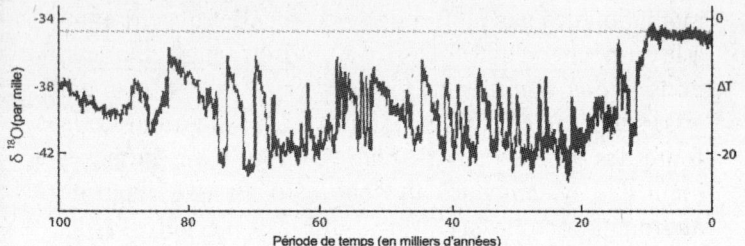

3.2. Les derniers 100 000 ans sur la planète Terre. (Crédit : Azote image pour le Stockholm Resilience Center)

Il est particulièrement intéressant de choisir cette période parce que nous avons été des *Homo sapiens* pendant tout ce laps de temps. Nous étions des chasseurs-cueilleurs, et pourtant nous étions intellectuellement et physiquement identiques aux êtres humains d'aujourd'hui.

L'axe y indique la variabilité de la température, ce qui est un bon indicateur de ce qu'était la vie sur terre à cette époque. Pendant la période glaciaire, la température était instable. En dix ans, elle pouvait s'élever ou chuter de 10° Celsius. Il y eut même un moment, il y a environ 75 000 ans, où il faisait si froid que l'eau douce s'était solidifiée dans les régions polaires, les niveaux marins avaient baissé de plus de cent mètres environ, et les données génétiques paléoclimatiques montrent qu'il ne restait plus que 15 000 adultes fertiles, sur terre. Nos ancêtres s'étaient réfugiés sur les hauts plateaux éthiopiens : le seul endroit où l'on trouvait de l'eau et de la nourriture. Nous étions au bord de l'extinction.

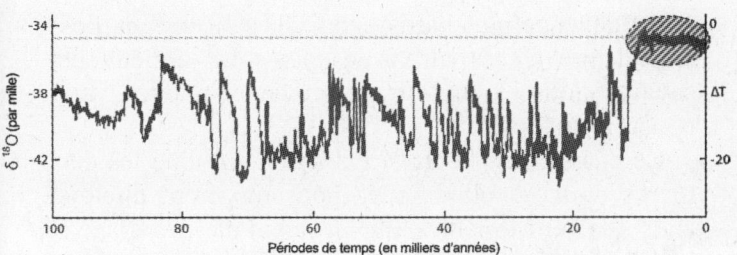

3.3. Présentation de la période d'instabilité des derniers 100 000 ans et le début de l'Âge d'or de l'Holocène il y a 10 000 ans. (Crédit : Azote image pour le Stockholm Resilience Center).

Ces faits nous montrent à quel point nous dépendons d'une planète stable et prouvent également notre étroite parenté. Il y a environ 10 000 ans, quelque chose a changé, ce que l'on voit dans le cercle représenté en haut à droite sur le graphique 3.3. C'est le début de l'Âge d'or : la période de l'Holocène.

Mais, à peine sommes-nous entrés dans l'Holocène que nous faisons la découverte la plus importante de toute l'histoire de l'humanité : nous passons du stade de chasseurs-cueilleurs à celui d'agriculteurs. Nous inventons l'agriculture. Nous savons maintenant que cette invention n'a pas été instantanée, un moment où nous nous serions dit : « Eurêka ! Oh, mon Dieu, quelle bonne idée ! Il faut que je plante une graine. » Non. Cela s'est produit au même moment avec le riz en Asie, le maïs en Amérique latine et le teff* en Éthiopie, grâce au fait que la planète s'est stabilisée

---

* Céréale, proche du millet, appartenant à la famille des Poacées ; elle constitue la nourriture de base des populations de la corne de l'Afrique où elle est principalement cultivée.

et est devenue plus harmonieuse. Il était devenu possible de prévoir les saisons des pluies. Les agriculteurs savaient tous les ans qu'ils pouvaient planter, faire pousser et récolter.

Ce changement a été si extraordinaire que les dernières données climatiques nous montrent quelque chose de remarquable. Sur le graphique 3.4, l'axe x indique les derniers 20 000 ans. Sur l'axe y figurent les températures sur la Terre. Au pire moment de l'ère glaciaire, on constate des températures de -3°, puis une sortie vers cette miraculeuse période de l'Holocène où le mercure oscille entre -1 et +1° Celsius.

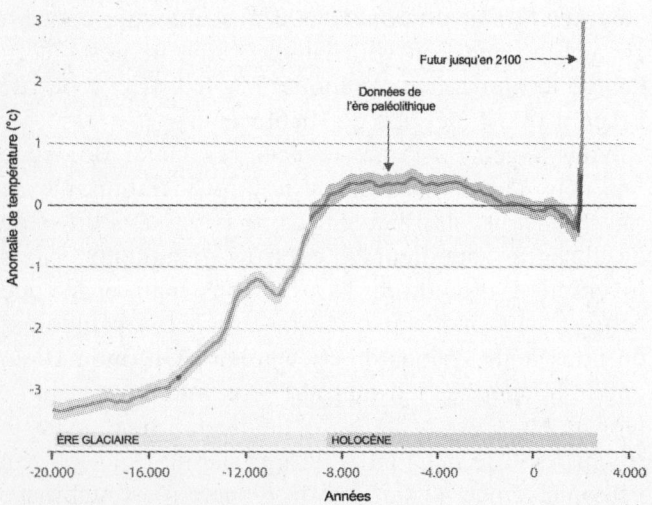

3.4. Notre survie dépend d'une planète harmonieuse. (Crédit : Azote image pour le Stockholm Resilience Center)

Telle est la très grave conclusion de la science aujourd'hui : au cours de l'Holocène, le maintien de l'humanité dépendait d'une planète stable et équilibrée.

Atteindre un seuil critique et maintenir l'humanité ?

Notre planète est maintenant parvenue à un seuil critique. La Terre s'est réchauffée d'un degré et nous allons dépasser ce niveau. Si nous considérons les

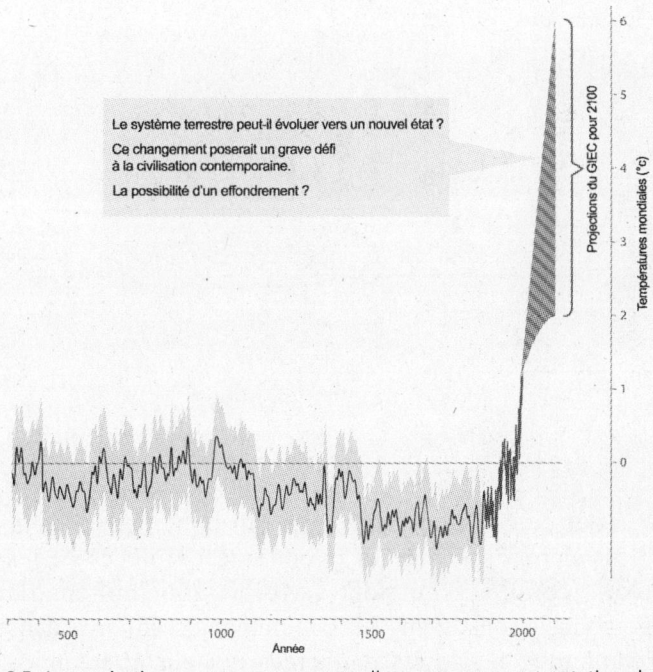

3.5. Les projections montrent que nous allons vers une augmentation de trois degrés Celsius. (Crédit : Azote image pour le Stockholm Resilience Center)

données depuis les deux derniers millénaires, regardons ce vers quoi nous nous dirigeons (graphique 3.5). Même si nous adoptons et mettons en œuvre les promesses de l'accord de Paris sur le changement climatique, la température augmentera de trois degrés Celsius, un état que nous n'avons jamais connu au cours des cinq millions d'années passés. Nous sommes en train de jouer un jeu extrêmement dangereux avec notre planète.

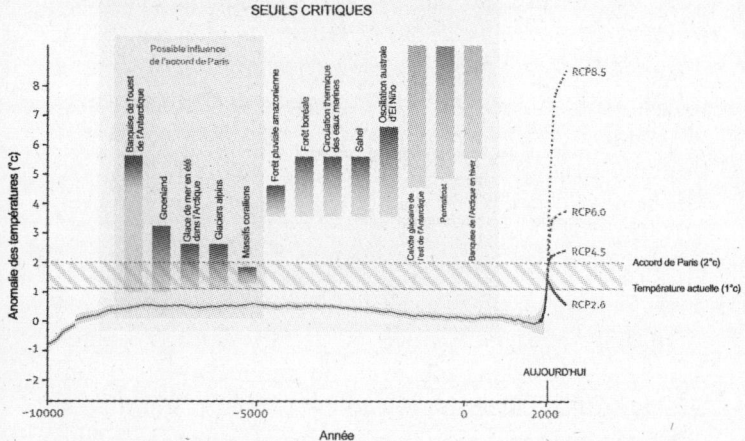

3.6. Pourquoi l'objectif fixant les limites du réchauffement climatique a été signé à Paris. (Crédit : Azote image pour le Stockholm Resilience Center)

Tout ce que nous aimons et qui nous tient à cœur s'est élaboré pendant la période de l'Holocène : les récifs coralliens qui font vivre les 250 millions de personnes constituant les communautés côtières dans le monde ; les forêts tempérées qui absorbent massivement le carbone émis sur la planète ; les forêts pluviales ; les calottes glaciaires qui réfléchissent dans l'espace la chaleur et nous protègent ; les systèmes d'eau douce des chutes d'Iguazu[*]. Ainsi, la seconde idée met en évidence le fait que notre avenir dépend de l'Holocène.

Faire face à des seuils potentiellement critiques

La troisième et dernière idée est qu'il est impossible d'exclure la perspective de seuils critiques catastrophiques. Nous abusons de la planète Terre. Comment répondra-t-elle à ces agressions ? Nous avons aujourd'hui la preuve évidente qu'elle ne le fera pas de manière linéaire, mais plutôt de façon soudaine et brutale. Voici les dernières données montrant la sortie de la dernière période de glaciation et l'entrée dans l'Holocène (graphique 3.6).

En gris hachuré, nous avons l'échelle des températures établie lors de l'accord de Paris, dont le but est de réduire le réchauffement climatique à deux degrés Celsius. Et pourtant, même si l'on maintient le seuil du réchauffement à ces deux degrés, les récifs coralliens, les glaciers alpins et la calotte glaciaire du Groënland risquent d'être irrémédiablement perdus. Nous courons le danger de connaître de brusques points de rupture. Les systèmes terrestres polaires, tels que le magnifique archipel du Svalbard, doivent être recouverts d'une

---

[*] Situées au milieu de la forêt tropicale, à la frontière entre l'Argentine et le Brésil, les chutes d'Iguazu sont inscrites au patrimoine mondial de l'Unesco.

couche de neige permanente afin de réfléchir la chaleur dans l'espace, ce qui maintient la fraîcheur sur la planète. De même, la beauté et la diversité des récifs coralliens sont en train d'être définitivement perdues à cause de la surpêche, de la pollution par les nutriments et du changement climatique.

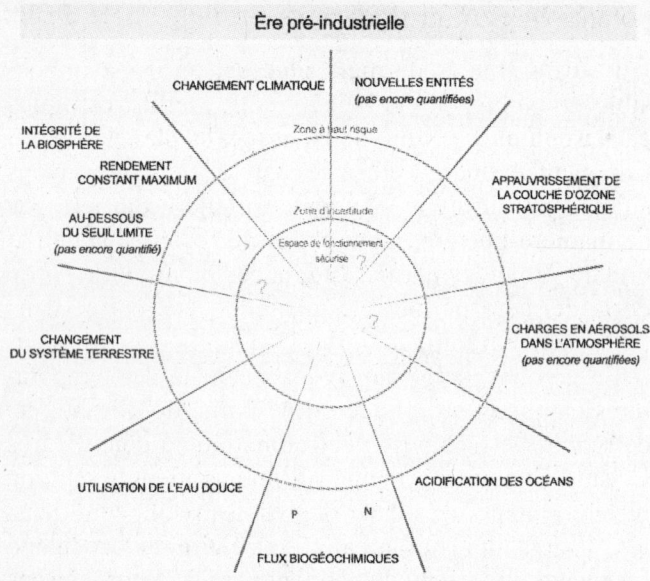

3.7. Les limites planétaires ont été définies pour garantir un espace de fonctionnement sécurisé pour l'humanité. (Crédit : Azote image pour le Stockholm Resilience Center)

Anthropocène + Holocène + seuils critiques = limites planétaires

Ces trois idées principales que nous venons de développer nous amènent à une équation qui exige une nouvelle forme de compassion pour notre planète. Nous sommes donc entrés dans l'Anthropocène. Nous sommes devenus la force motrice du changement climatique. Nous dépendons des acquis de l'Holocène. Nous devons revenir à un niveau d'harmonie sur la Terre.

Nous savons aujourd'hui que les seuils critiques sont bien réels, et qu'il nous est impossible de les exclure. Si nous additionnons tous ces facteurs, il nous faut maintenant définir en quoi consistent ces limites planétaires[*], ainsi que l'espace à l'intérieur duquel nous pouvons envisager un avenir viable pour l'humanité ; autant de conditions que la science est en mesure d'évaluer. Nous avons identifié les processus qui régulent la stabilité de la planète et nous pouvons quantifier les niveaux à l'intérieur desquels nous avons un espace de fonctionnement sécurisé pour l'humanité, sans courir le risque que des catastrophes fassent sortir la planète de l'équilibre acquis pendant l'Holocène. Si nous dépassons ces limites, nous risquons de connaître des changements dramatiques. Cet espace de fonctionnement sécurisé nous permet d'espérer que le pouvoir et l'altruisme prévaudront à l'avenir (schéma 3.7).

---

[*] Johan Rockström et son équipe ont défini neuf limites planétaires, à savoir : le changement climatique, le taux de perte en biodiversité (marine et terrestre), l'interférence entre les cycles de l'azote et du phosphore, l'appauvrissement de la couche d'ozone, l'acidification des océans, l'utilisation planétaire d'eau douce, le changement d'affectation des sols, la charge en aérosols atmosphériques et les pollutions chimiques.

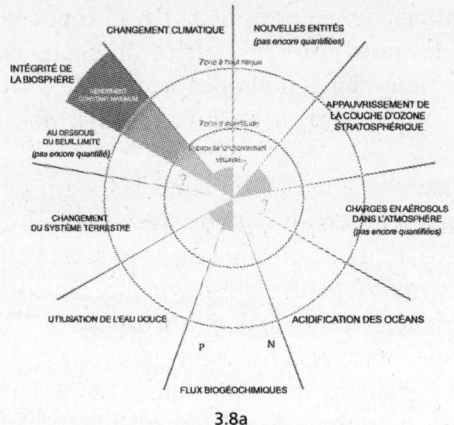

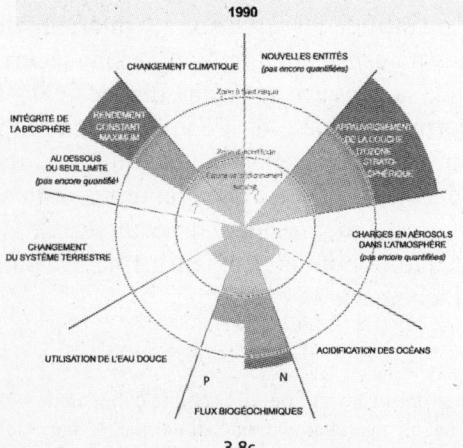

3.8a-d. Les limites planétaires depuis la révolution industrielle jusqu'à nos jours.

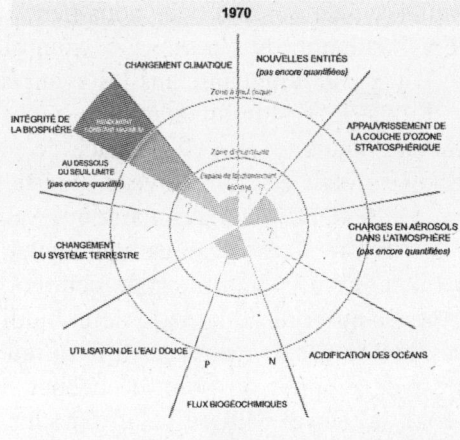

3.8b

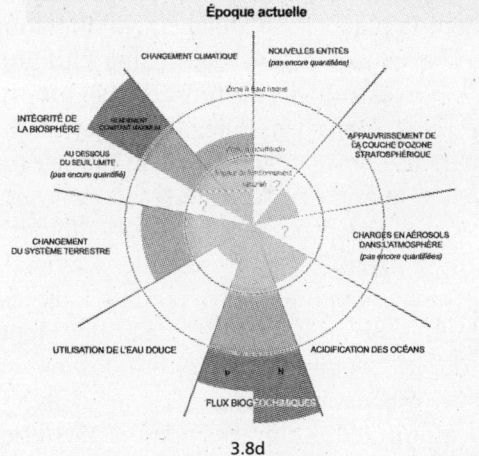

3.8d

(Crédit : Azote image pour le Stockholm Resilience Center)

Ces connaissances scientifiques nous permettent de comprendre beaucoup de choses. Par exemple, nous savons qu'il y a cent cinquante ans les avancées de la révolution industrielle nous situaient juste au milieu de ces frontières planétaires et que l'espace de fonctionnement sécurisé était en notre faveur. Pourtant, dans les années 1990 déjà, nous avions adopté une agriculture extensive moderne et nous nous développions très vite. La rapidité et l'ampleur de cette expansion nous ont menés au bord de la perte de la biodiversité, un point extrêmement dangereux. Aujourd'hui, l'agriculture s'est développée au point d'occuper 50 % de la surface de la Terre. Malgré cela, dans les années 1950, nous étions encore à l'intérieur de l'espace de fonctionnement sécurisé pour tous les autres processus qui régulent la planète : le changement climatique, les ressources d'eau douce, les polluants chimiques, la pollution terrestre, les forêts et la biodiversité (schéma 3.8a). Dans les années 1960 et 1970, nous avons poursuivi notre développement tout en restant à l'intérieur de la zone de sécurité (schéma 3.8b). C'est en 1990 que s'est produit le grand bouleversement, moment où nous avons transgressé les limites : celles du changement climatique, de la pollution par les nutriments, de la perte de la biodiversité et de l'appauvrissement de la couche d'ozone protectrice dans la stratosphère (schéma 3.8c).

Aujourd'hui, nous sommes encore à l'extérieur des quatre limites que je viens d'énumérer. Cependant, à y regarder de plus près, la couche d'ozone était dans un état catastrophique en 1990 et sa diminution était devenue un danger mondial. Mais elle est revenue à

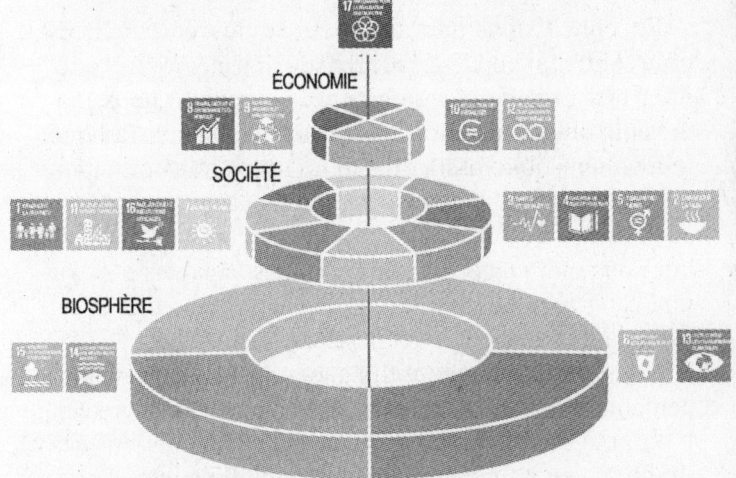

Schémas 3.9a et 3.9b. Redessiner les objectifs de développement durable afin de rester dans l'espace de fonctionnement sécurisé de nos limites planétaires. (Crédit : Azote image pour Stockholm Resilience Center)

un niveau normal (schéma 3.8d). Pourquoi ? Parce que l'humanité a écouté la science et que les nations ont signé et mis en œuvre le protocole de Montréal qui enjoignait l'application collective du pouvoir et de l'altruisme. C'est ainsi que nous avons pu éviter un désastre mondial qui aurait touché l'humanité tout entière : la destruction de la couche d'ozone stratosphérique qui nous protège des dangereuses radiations des rayons UV aurait risqué de tuer de multiples espèces sur terre. C'est un exemple prometteur pour l'avenir de l'humanité.

Offrir à l'humanité un avenir meilleur et plus harmonieux

En conclusion, que signifient toutes ces données pour notre avenir ? L'accord de Paris montre que, d'ici aux trente à quarante années à venir il nous faut devenir une civilisation qui aura totalement éradiqué tout combustible fossile. Il s'agira d'une transformation sans précédent qui repose entièrement sur le pouvoir et l'altruisme. Nous disposons de nombreuses preuves qui nous indiquent que nous sommes capables d'offrir un avenir meilleur et plus équilibré à l'humanité. C'est toute la beauté de nos recherches scientifiques.

Nous avons adopté les dix-sept objectifs de développement durable – qui aspirent à éradiquer la pauvreté et la faim, à créer un avenir harmonieux à l'intérieur des limites que nous avons définies pour notre climat, l'eau, la biodiversité et les océans (schéma 3.9a). Je suggère que non seulement nous assumions ces objectifs, mais que nous les considérions comme cohérents et protecteurs : ce sont des dons offerts à l'humanité et à l'avenir. En d'autres termes : il est hors de question de menacer la biosphère si l'on veut rester dans l'espace de fonctionnement sécurisé de nos limites planétaires (schéma 3.9b).

Nous aspirons à mettre en œuvre des objectifs sociaux et à utiliser le développement économique pour les réaliser mais, une fois pour toutes, effectuons la transition en faisant appel au pouvoir et à l'altruisme pour le bien de la planète Terre, dans le but de protéger la nature et l'avenir de l'humanité en même temps.

Le Dalaï-Lama : Excellent. Merci. Voilà une présentation qui nous donne de l'espoir. (*Rires*.)

Il y a un véritable fondement pour construire un avenir meilleur, un fondement qui exige que nous agissions avec cohérence et que nous fassions un effort. Si nous avons une vision à long terme et confiance en nous-mêmes, nous pouvons entraîner notre esprit à développer un amour et une compassion infinis, même si un tel but nous paraît temporairement malaisé et difficile. En associant ces deux valeurs, au terme de millions d'années, qui sait ce qu'il sera possible de réaliser ?

Je suis un moine. Je n'ai ni enfants ni petits-enfants. Toutefois, si nous prenons les mesures qui s'imposent, nous pouvons envisager avec un certain optimisme les siècles futurs et construire un monde qui soit sain et sûr. À partir de ces différents domaines de recherche, la science nous offre une vision claire de la réalité. Néanmoins, se contenter de comprendre cette réalité ne suffit pas à mettre en œuvre nos souhaits de changement : à cette fin, il nous faut agir.

DEUXIÈME PARTIE

Les points de vue de la psychologie, de l'endocrinologie et des neurosciences

Cette seconde partie s'éloigne de la perspective à grande échelle que nous venons de voir pour explorer ce qui se passe au niveau de l'expérience de l'être humain dans les domaines de la psychologie, de l'endocrinologie et des neurosciences. Alexandra Freund nous présente les réflexions psychologiques du pouvoir et de l'altruisme en rapport avec le motif qui sous-tend le pouvoir. Markus Heinrichs nous expose son travail de recherche sur la fonction des hormones dans le cerveau humain. Tania Singer nous fait part des dernières données issues du ReSource Project, qui se concentre sur les effets de la méditation et des pratiques de l'entraînement de l'esprit. Enfin, Richard Schwartz offre des moyens de transformer les recoins obscurs du psychisme en pratiquant la pleine conscience afin d'équilibrer les forces du pouvoir et de l'altruisme pour un avenir meilleur.

Modérateur de la seconde intervention : Roshi Joan Halifax, docteur en anthropologie, enseignante bouddhiste et abbesse de l'Upaya Zen Center de Santa Fe, au Nouveau-Mexique, États-Unis.

Chapitre 4

Réflexions psychologiques sur les motifs du pouvoir

Alexandra M. Freund

Alexandra M. Freund est professeur de psychologie et chercheur à l'université de Zurich. Ses principales recherches portent sur les possibilités d'un vieillissement harmonieux, les processus de régulation du développement et les motivations au cours de notre vie.

Votre Sainteté, lorsqu'on pense à un individu motivé par le pouvoir, à qui pense-t-on ? On évoque le plus souvent Hitler, Staline ou Mao Zedong : des individus dont l'exercice du pouvoir a eu des conséquences extrêmement négatives et dévastatrices pour l'humanité. Pourtant, songeons au Mahatma Gandhi. Bien qu'il soit considéré comme l'une des personnes les plus altruistes, Gandhi était tout à fait décidé à faire usage de son pouvoir. Il a contraint les Britanniques à renoncer à exercer leur autorité en guidant le peuple indien dans une lutte pacifique pour obtenir l'indépendance.

Or, pour parvenir à un tel résultat, il faut être motivé par le pouvoir. Mes recherches en psychologie m'ont amenée à analyser les deux facettes des motifs qui sous-tendent le pouvoir : l'aspect négatif, qu'il est plus facile d'imaginer, et l'aspect positif, la dimension altruiste, l'attention portée à l'autre ; autant d'attitudes qui contribuent à instaurer un monde meilleur.

Qu'est-ce qu'un motif du pouvoir ?

Le motif du pouvoir est un terme souvent utilisé en psychologie. Il est tout d'abord important de souligner que le « motif » est différent de la « motivation ». La motivation est le combustible, l'énergie, qui vous permet d'agir et d'orienter vos pensées, alors que le motif est le but vers lequel vous dirigez cette énergie. Le motif détermine l'orientation de vos actions. On définit le motif du pouvoir comme étant la raison, ou la cause, ce qui incite un individu à exercer une influence sur un milieu donné et des personnes et à les contrôler. Ce qui signifie qu'une personne incitée par un motif veut changer un environnement spécifique et les gens qui en font partie, en fonction des buts qu'elle s'est fixés.

Certains psychologues affirment que les motifs qui sous-tendent notre pouvoir sont essentiels, parce que chacun exerce un certain niveau de contrôle à l'intérieur de son milieu ; de même que l'on peut dire que le Mahatma Gandhi a modelé le milieu indien afin de mener son peuple vers l'indépendance.

Le pouvoir en lui-même peut être une disposition d'esprit relativement stable, ou bien un état momentané.

Les recherches ont montré que le niveau du motif qui sous-tend le pouvoir chez une personne, ce que l'on appelle la disposition, ou l'inclination au pouvoir, demeure très stable pendant toute la durée de la vie. Par contre, ce qui peut changer considérablement d'un moment à l'autre, c'est l'état qui motive le pouvoir : c'est-à-dire le moment où se déclenche chez la personne la décision d'exercer son autorité.

Comment évaluer les motifs du pouvoir ?

Les chercheurs ont recours à des questionnaires pour évaluer les aspects conscients et inconscients des motifs du pouvoir[1]. On demande aux sujets de ces tests de réagir à des affirmations telles que : « J'aime avoir le dernier mot. » Ils doivent évaluer dans quelle mesure cette affirmation s'applique à eux. Les réponses qu'ils nous fournissent nous aident à prédire leurs comportements et nous permettent de comprendre ce qu'ils pensent d'eux-mêmes.

Ces tests servent également à élucider les aspects les plus inconscients des motifs du pouvoir[2]. Par exemple, un exercice consiste à montrer à un participant une image où l'on voit le capitaine d'un bateau en train de parler à un homme qui porte un chapeau. Nous demandons aux participants : « Qu'est-ce qui se passe sur cette image ? » L'étape suivante consiste à codifier les histoires des participants en fonction du niveau de motif du pouvoir qu'ils ont exprimé. Par exemple, si l'un des sujets affirme : « Il est clair que le capitaine est le chef. Il est en train d'expliquer au passager le déroulement du voyage », je peux déterminer que le motif du pouvoir est assez élevé chez ce sujet. Le capitaine est incontestablement le supérieur et le passager le subordonné. Par contre, si un participant nous dit : « Ces deux personnes viennent de se rencontrer. Ils s'apprêtent à dîner ensemble et attendent le moment où ils auront plus de temps pour discuter », il est évident que cette réponse n'est pas motivée par le pouvoir.

Les conséquences sociales du pouvoir

Les chercheurs ont également mis en place des moyens d'activer l'état de pouvoir, un état extrêmement flexible d'un moment à l'autre. En contexte de laboratoire, on demande à des participants de penser à des situations où ils se sont trouvés en position d'infériorité – des contextes dans lesquels d'autres ont exercé une autorité sur eux. À l'inverse, on leur demande ensuite d'évoquer des circonstances où ils ont été en position de pouvoir. Une autre manière d'activer l'état de pouvoir consiste à assigner un rôle à un sujet. Lors d'une expérimentation, nous avons été surpris de constater que le simple fait de dire à ce sujet : « Vous êtes le chef », ou : « Vous n'êtes pas le chef », influait sur le sentiment de pouvoir qu'il éprouvait.

Que se passe-t-il lorsque nous induisons par l'expérimentation des personnes à se sentir puissantes, et que nous constatons qu'elles ont de fortes prédispositions au pouvoir ? Nous observons de profondes conséquences sociales. En général, les gens qui se trouvent en situation de pouvoir font moins attention à ce qui se passe chez les autres – ce qu'ils éprouvent, ce qu'ils souhaiteraient –, ce qui entraîne de multiples effets négatifs[3]. En outre, leur niveau de compassion envers la souffrance d'autrui diminue[4]. Cette constatation est importante parce qu'elle se vérifie en dehors des conditions d'expérimentation : elle affecte, de fait, le niveau de compassion dans la relation à autrui. Les motifs du pouvoir n'influencent pas seulement les rapports avec les groupes, mais aussi avec les personnes proches des sujets à forte propension au pouvoir. Ces tendances accroissent l'objectivation des autres, considérés comme des moyens. Ce qui débouche sur des pensées calculatrices telles que : « Est-ce que cette personne va me servir à atteindre mes buts ou non[5] ? » Cette attitude affaiblit la volonté de venir en aide aux autres et de sacrifier ses propres intérêts pour eux, en faisant des donations par exemple[6].

Les gens qui exercent une autorité ont tendance à déclarer : « Les autres sont comme moi. On ne peut pas leur faire confiance. Je doute de leur compassion parce qu'ils cherchent à m'utiliser pour parvenir à leurs fins. » Le pouvoir diminue la confiance et accroît le cynisme[7]. Il amoindrit également le désir d'établir des rapports interpersonnels harmonieux[8].

Bien que ce soit moins évident, le pouvoir comporte aussi des aspects positifs. Nous avons vu que les puissants se préoccupent fort peu d'autrui. En conséquence, les preuves empiriques issues de nos expérimentations nous ont montré que les gens qui occupent des positions d'autorité se trouvent moins perturbés dans des situations socialement éprouvantes[9]. Lorsqu'ils font face à une exclusion sociale, ils sont plus résilients[10]. Dans le cas où une personne a une attitude prosociale, le pouvoir accroît sa capacité à déduire les pensées et les sentiments des autres[11]. Donc, nous avons constaté qu'en général une personne qui exerce un pouvoir se préoccupe peu des autres ; par contre, s'il s'agit d'une personne qui porte un réel intérêt à autrui, ses capacités d'empathie s'en trouvent renforcées[12]. Les puissants tissent plus de liens sociaux et affirment nouer davantage d'amitiés. Ils se sentent plus authentiques et sont perçus comme tels ; ils se déclarent plus heureux et prétendent connaître un état de bien-être intérieur plus élevé[13].

Reconnaître notre pouvoir pour le bien de l'humanité

Pour nous résumer, disons que le pouvoir comporte un aspect négatif. Il y a une forte probabilité que des gens qui occupent des postes d'autorité manipulent autrui et l'utilisent pour parvenir à leurs propres fins. Le manque de transparence, l'absence de contre-pouvoir favorisent le fait que le pouvoir corrompe, ce qui débouche sur la perception que ces agissements douteux sont admissibles. Cependant, le pouvoir comporte aussi un aspect positif. Il développe l'authenticité, accroît le bien-être intérieur et incite les gens à agir en fonction de leurs objectifs. C'est un aspect du pouvoir sur lequel les recherches devraient se concentrer à l'avenir, parce que cette facette de l'autorité pourrait accroître l'altruisme et aider à façonner de futurs dirigeants à l'image de Gandhi et de Martin Luther King, Jr., des meneurs d'hommes qui ont mis leur pouvoir au service de la compassion et de l'altruisme. Le but ne consiste pas à renoncer à toute forme de pouvoir

– les motifs du pouvoir –, mais à l'accueillir et à le reconnaître en nous, ainsi que dans les postes que nous occupons, de façon à nous en servir pour promouvoir un monde plus compassionnel et plus attentif à autrui.

Chapitre 5

La biologie de l'altruisme : le rôle des hormones dans le cerveau humain

Markus Heinrichs

Markus Heinrichs est chef du département de psychologie et professeur de biologie et de psychologie de la personnalité à l'université de Fribourg, en Allemagne. Il dirige également le Social Neuroscience Research Group au Freiburg Brain Imaging Center ainsi que la clinique de jour spécialisée dans les troubles liés au stress (Outpatient Clinic for Stress-Related Disorders). Il a ouvert un nouveau domaine de recherche en démontrant que l'ocytocine, une neurohormone, joue un rôle de médiateur clé dans la régulation du comportement social de l'homme, et constitue un objectif susceptible de déboucher sur des traitements innovants.

Votre Sainteté, j'aimerais vous entretenir de l'aspect biologique de l'altruisme, et plus particulièrement de la façon dont l'hormone appelée ocytocine influence le comportement social dans le cerveau humain.

L'ocytocine, hormone de l'allaitement et chimie de l'altruisme

Depuis une centaine d'années, nous savons que la naissance et l'allaitement sont régulés par l'ocytocine. Lorsque le bébé déclenche le stimulus de la succion, l'ocytocine, cette très ancienne hormone, est relâchée dans le cerveau, passe dans le sang et pénètre dans le sein, ce qui permet l'émission de lait[1]. En dehors de l'allaitement, l'ocytocine est devenue l'une des molécules les plus étudiées au cours de la dernière décennie en raison du rôle qu'elle joue dans l'élaboration de l'attachement social, de l'altruisme et de la confiance[2].

Au cours des quinze dernières années, nous avons démontré que l'ocytocine n'est pas seulement produite par le cerveau, mais qu'elle est répartie dans les aires cérébrales qui ont une fonction importante dans le comportement social et la gestion des émotions[3]. Des études menées sur le comportement animal ont montré que cette molécule affecte la régulation du comportement maternel et social, l'attachement et le lien conjugal. Elle permet également de mieux contrôler le stress dans des situations difficiles[4]. Des travaux récents, effectués sur des sujets humains, ont montré des résultats analogues : l'ocytocine améliore les capacités socio-émotionnelles, permet aux individus de maintenir le contact visuel, ce qui représente un facteur important dans l'instauration de la confiance et de la préoccupation de l'autre, du comportement maternel et du maintien du lien conjugal[5]. D'autres études ont également confirmé que l'ocytocine permet aux individus de mieux contrôler leur réponse au stress dans des situations sociales vécues comme menaçantes.

Le rôle de l'ocytocine dans la régulation du stress

Pour comprendre le rôle de l'ocytocine dans la régulation de la réaction au stress, nous recréons en laboratoire un contexte particulier que nous appelons le « test de stress social de Trèves[6]. » Ce test est largement utilisé par les chercheurs en sciences humaines dans le monde entier. Il consiste à demander à un sujet de parler en public pendant cinq minutes devant un groupe d'examinateurs critiques ; la situation simule un entretien d'embauche. Ensuite, pendant cinq autres minutes, on demande au participant de faire un calcul arithmétique qui consiste à compter à rebours de 2023 à 0, par tranches de 17 chiffres. Cet exercice provoque un accroissement considérable du cortisol, l'hormone du stress, de la tension artérielle et des réponses psychologiques au stress.

Ce qui nous a frappés au cours de cette recherche est la différence de réponse entre les hommes et les femmes par rapport à l'effet tampon du soutien social[7]. En effet, lorsque les hommes viennent seuls pour passer ce test, on constate une importante réaction au stress. S'ils se sentent soutenus par une femme qu'ils n'ont jamais rencontrée auparavant, leur réponse au stress baisse légèrement. Mais si on leur permet de venir accompagnés de leur épouse ou de leur compagne, cette situation de soutien s'avère extrêmement bénéfique en termes de réponse au stress. Quant aux femmes, nous observons une réaction totalement différente. Lorsqu'elles se présentent seules pour effectuer ce test, elles ont des niveaux de stress plus bas que les hommes. Les études révèlent que la présence d'un homme qu'elles n'ont jamais rencontré ne leur est d'aucune aide en termes de soutien. Par contre, quand on demande aux femmes de venir avec leurs époux ou leurs compagnons, leur niveau de tension s'élève considérablement (schéma 5.1).

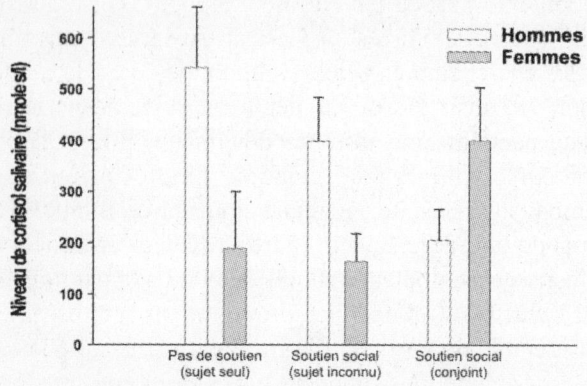

5.1. L'effet du soutien social sur la réduction du stress diffère profondément entre les hommes et les femmes. (Graphique modifié, élaboré par Kirschbaum, Klauer, Filipp et Hellhammer, in *Psychosomatic Medicine*, 57, 1995)

Par ailleurs, nous avons des preuves scientifiques indiquant qu'un contact physique rassurant peut s'avérer beaucoup plus efficace que des paroles lorsqu'il s'agit de diminuer la tension chez les humains. J'aimerais partager avec vous deux expérimentations qui illustrent ce fait. La première expérience consiste à stimuler le système de l'ocytocine par un contact physique : un massage du cou et des épaules. Lors de la seconde expérience, l'ocytocine pénètre dans le cerveau par des pulvérisations nasales que nous administrons au sujet, afin d'observer ce qui se passe dans le cas du stress et de la réponse sociale qu'il donne. Dans l'étude portant sur le contact physique[8], nous avons constaté les résultats suivants : si l'on compare la réponse au stress des femmes qui se présentent seules pour passer le test de Trèves, nous avons observé une réponse normale du cortisol, l'hormone du stress. Mais, dans le cas où elles sont soutenues par leur mari ou leur compagnon, leur réponse au stress est, là encore, plus élevée. Par contre, si l'on ne permet pas aux hommes de leur parler, mais qu'on leur demande de leur faire un massage du cou et des épaules avant qu'elles soient soumises au test, la réponse au stress baisse considérablement pendant environ une heure. Ces résultats montrent que le pouvoir du toucher constitue une protection très efficace contre la tension émotionnelle (schéma 5.2).

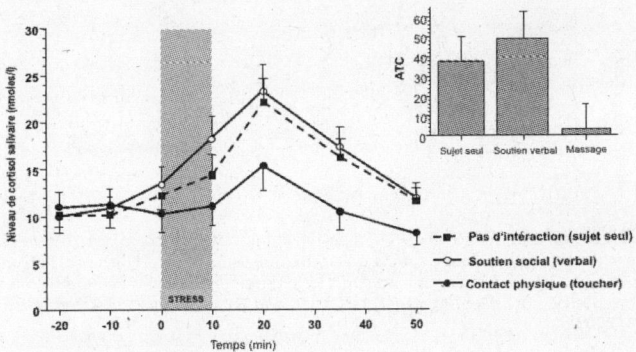

5.2. Le contact physique, et non le soutien verbal apporté par les conjoints, induit la plus forte réduction de stress chez les femmes. (Graphique modifié, élaboré par Ditzen, Neumann, Bodenmann, von Dawans, Turner, Ehlert et Heinrich, in *Psychoneuroendocrinology*, 32, 2007)

Selon une étude pionnière réalisée sur des sujets humains et portant sur l'influence de l'ocytocine en contexte social, le protocole comportait deux cas de figure. Selon le premier, nous avons administré aux sujets de l'ocytocine ou un placebo par voie nasale ; dans le second cas, les sujets recevaient ou non un soutien social avant l'épreuve du test de Trèves[9]. Cette étude a révélé deux réactions radicalement opposées. Chez les hommes qui avaient reçu un placebo et aucun soutien social, la réponse au stress a été maximale. Par contre, ceux qui avaient bénéficié des deux éléments protecteurs, à savoir un niveau d'ocytocine plus élevé dans le cerveau *et* un soutien social, ont montré une réponse au stress social beaucoup plus basse (schéma 5.3).

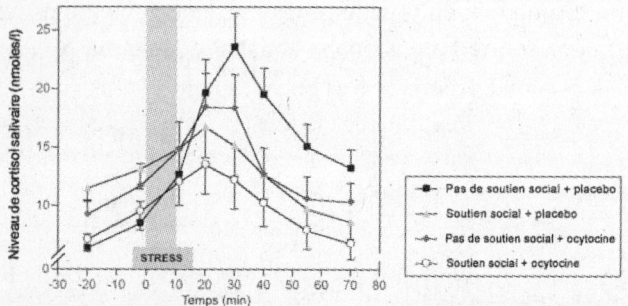

5.3. Les hommes qui ne reçoivent ni ocytocine ni soutien social ont les réponses au stress les plus élevées, tandis que ceux qui reçoivent de l'ocytocine et un soutien social ont les réponses au stress les plus faibles. (Graphique modifié, élaboré par Heinrichs, Baumgartner, Kirschbaum et Ehlert, in *Biological Psychiatry*, 54, 2003)

L'ocytocine et l'empathie, l'altruisme et l'attachement

Enfin, j'aimerais mentionner le rôle du contact visuel comme condition indispensable au développement de l'empathie, de l'altruisme et de l'attachement. Le contact visuel commence dès les premiers jours de la vie avec la mère, le père, une sœur ou un frère, et il joue un rôle important dans les interactions sociales tout au long de la vie. Le « test de lecture de l'état d'esprit d'après le regard » (*Reading the Mind in the Eyes Test* [10]), qui fut développé pour dépister l'autisme, permet d'évaluer la capacité de « lire », ou d'inférer, les émotions d'une personne en observant ses yeux. On demande aux participants qui effectuent ce test de dire ce qu'un individu ressent ou pense en observant sa région oculaire. Cette étude nous a permis de constater que des niveaux élevés d'ocytocine dans le cerveau, administrée par voix intranasale, améliorent à la fois chez les sujets sains[11] et chez les autistes[12] la capacité de « lire », ou de déduire, les émotions en observant le regard et la région oculaire d'une autre personne (schéma 5.4).

L'ocytocine n'est pas seulement un facteur significatif du comportement de l'individu dans des situations sociales particulières. Il représente également l'un des fondements biologiques de la transmission transgénérationnelle de la préoccupation de l'autre et de l'attachement chez les humains[13]. Par exemple, des parents qui bénéficient d'un bon fonctionnement du système de l'ocytocine vont vraisemblablement répondre avec davantage d'empathie aux pleurs de leur bébé et mieux contrôler leur tension lorsque le nouveau-né

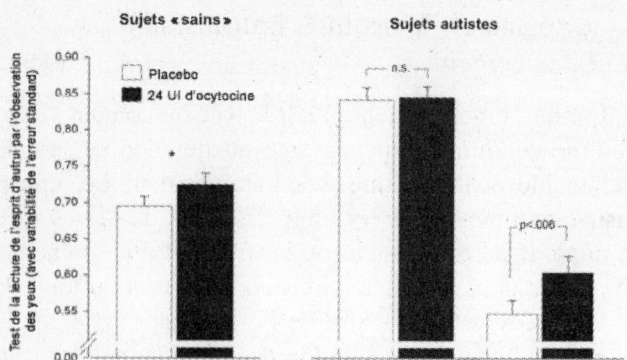

5.4. L'ocytocine permet à des sujets « sains » et à des autistes de lire de façon plus précise les émotions des autres en observant leur région oculaire. (Graphique modifié, élaboré par Domes, Heinrichs, Michel, Berger et Herpetz, in *Biological Psychiatry*, 61, 2007 ; et Guastella, Einfeld, Gray, Rinehart, Tonge, Lambert et Hickie, in *Biological Psychiatry*, 67, 2010.)

pleure. Ces comportements débouchent sur une qualité de soin et d'attention à l'autre plus affectueuse et plus sensible. Parce que cette réponse empathique des parents peut stimuler le système d'ocytocine du bébé, ces nouveau-nés ont beaucoup plus de chances de devenir des enfants et des adultes capables d'établir un lien d'attachement plus sécurisant. Ce niveau d'empathie se transmettra à la génération suivante lorsque ces enfants deviendront à leur tour des parents. Donc, on peut considérer que le système de l'ocytocine est un mécanisme biologique important, capable de transférer l'attachement et le soin prodigués à autrui d'une génération à l'autre.

Disons pour nous résumer que, si l'on veut comprendre l'altruisme, la préoccupation de l'autre, conçus selon la perspective d'un dialogue entre le corps et l'esprit, il nous faut prendre en compte le fondement neurobiologique du soin et de l'interaction sociale[14], surtout lorsqu'il s'agit de développer de futurs traitements pour des personnes souffrant de graves troubles de la sociabilité[15].

Chapitre 6

Points de vue des neurosciences sur le pouvoir et l'altruisme : comment s'entraîner à développer l'attention à autrui et la compassion ?

Tania Singer

Tania Singer est directrice du département de neurosciences sociales à l'institut Max-Planck, à Leipzig, en Allemagne, et spécialiste des sciences humaines cognitives et du cerveau. Ses travaux portent sur les fondements psychologiques, hormonaux, développementaux et neuroscientifiques du comportement prosocial chez l'homme. Elle étudie également les effets de la pleine conscience et de l'entraînement mental à la compassion sur le cerveau, l'esprit, la santé et l'esprit de coopération ainsi que leur pertinence pour élaborer de nouveaux modèles économiques, des systèmes d'éducation novateurs et une société plus altruiste.

Votre Sainteté, c'est un plaisir pour moi de partager de nouvelles données sur la plasticité, notion qui englobe les concepts de capacité de développement, de flexibilité et de changement qui se produisent non seulement dans notre cerveau, mais aussi en fonction de notre comportement, de nos hormones, ainsi qu'à tous les niveaux de notre système de stress.

J'aimerais vous présenter les recherches du ReSource Project – une étude portant sur l'entraînement mental qui s'est déroulée pendant un an, et au cours de laquelle les participants étaient suivis tout au long de leur apprentissage de nouvelles formes de méditation et de pratiques d'entraînement de l'esprit.

6.1. Photo de participants du ReSource Project lors d'une retraite. (Photo : 2013, Sven Döring/Agentur Focus)

En s'appuyant sur les connaissances des neurosciences sociales, ce projet a réuni les pratiques contemplatives orientales et les pratiques psychologiques occidentales, dans l'intention d'offrir le meilleur de ces deux traditions. Au cours de cette étude, trois groupes de participants ont été initiés à trois formes de pratiques méditatives différentes, pendant trois mois. On a constaté dans chacun des trois groupes des changements spécifiques dans le comportement et dans le cerveau. Je souhaiterais maintenant vous faire part de la conception de cette étude et vous exposer en quoi ses résultats peuvent s'avérer utiles si l'on veut élaborer de nouveaux modèles économiques et construire une société plus soucieuse du bien-être d'autrui.

Conception du ReSource Project, une étude longitudinale d'un an destinée à accroître la compassion et le comportement prosocial

Dans le cadre du ReSource Project, plus de 300 participants ont été répartis en quatre groupes d'études, chacun comprenant environ 80 participants. Durant l'année, trois groupes sur quatre ont reçu une formation de trois mois à des pratiques de méditation laïques, selon trois programmes, ou modules, appelés respectivement « Présence », « Affect » et « Perspective ». Ces exercices mentaux étaient enseignés en début de programme par 17 formateurs lors de retraites organisées dans le cadre de ce projet (image 6.1). Les retraites avaient lieu au début de chacun des trois programmes, ou modules, spécifiques. Ensuite, ces exercices de méditation étaient pratiqués en groupes plus restreints une fois par semaine avec deux enseignants, puis chez soi, à raison de 20 à 30 minutes par jour, guidés par une application sur le téléphone portable. Il est important de remarquer que les groupes 1 et 2 ont effectué l'intégralité des trois programmes d'entraînement mental ; le groupe 3 n'ayant pratiqué que trois mois d'entraînement, basés sur le programme appelé « Affect » ; ce groupe n'a pas entrepris les deux autres modules (« Présence » et « Perspective »). Le groupe 4, ou groupe de contrôle, n'a suivi aucun programme d'entraînement. Nous avons demandé à ses membres de mener normalement leur vie pendant un an, afin que nous puissions voir si les choses changent simplement parce que l'on vieillit, ou du fait d'être régulièrement contrôlés tous les trois mois avec les mêmes paramètres (schéma 6.2).

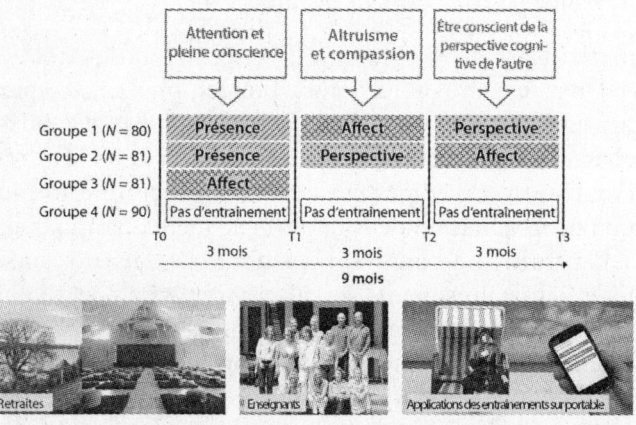

6.2. Trois des quatre groupes du ReSource Project ont participé pendant trois mois à des programmes d'entraînement respectivement appelés « Présence », « Affect » et « Perspective », et ont été suivis pendant neuf mois. (Photos : à gauche, Karen Kaspar/Shotshop.com ; autres : Abteilung soziale Neurowissenschaft)

Chacun des trois programmes comportait deux thèmes principaux. Le premier programme se concentrait sur les pratiques fondamentales de l'attention et de la pleine conscience. Ces exercices comprenaient le balayage corporel (*body scan*) et la respiration basée sur le souffle, pratiques qui sont analogues à celles mises en œuvre dans les programmes de réduction du stress développés par Jon Kabat-Zinn. Les participants du module « Présence » apprenaient à ramener leur attention au moment présent en s'aidant d'un objet particulier tel que le souffle, certaines parties du corps ou des sons (technique similaire à celles des pratiques de *shamatha* ou calme mental).

Le programme appelé « Affect » se concentrait sur le développement de l'attention portée à l'autre, la bonté, la compassion, la gratitude, ainsi que sur la gestion et l'acceptation des émotions difficiles. Les participants du programme « Affect » pratiquaient la méditation sur la bonté bienveillante (la méditation sur *metta*[*]), ainsi qu'une méditation appelée « dyade de l'affect » (*affect dyad*) : il s'agit d'une méditation que l'on effectue avec un autre membre du groupe pendant dix minutes, destinée à développer ces qualités.

Le troisième module, appelé « Perspective », avait pour but de considérer ses propres pensées, son propre esprit, tout en prenant en compte les pensées et les croyances d'autres sujets. L'exercice de la « dyade de

---

[*] *Metta* est un terme pali, langue apparentée au sanskrit, dans laquelle fut rédigé le Canon bouddhiste. Ce mot désigne dans les soutras l'amour bienveillant et dénué d'attachement, la sympathie et la bonté envers tous les êtres.

la perspective » (*perspective dyad*) consistait à demander aux participants de se relier quotidiennement à une autre personne et, dans un premier temps, de prendre en compte son propre esprit, soi-même, puis l'esprit de l'autre, en se posant la question suivante : « Qu'est-ce que je crois ? Qu'est-ce que l'autre personne pense et croit ? »

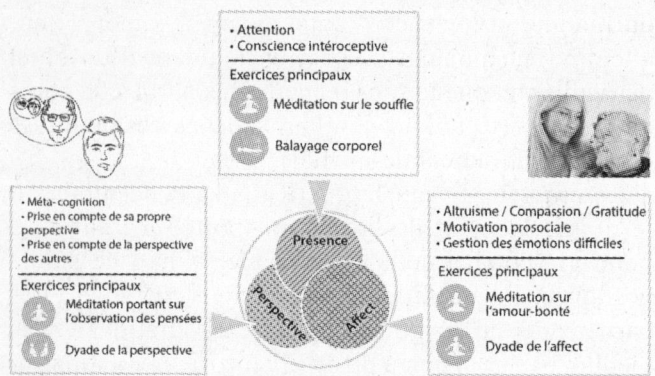

6.3. Chacune des pratiques méditatives se concentrait sur deux thèmes principaux. (Photo Ligh-thunter/Shotshop.com. Dessin MPI-CBS, Icon Abteilung soziale Neurowissenschaft)

Les deux réseaux neuronaux différents de la compréhension d'autrui

Votre Sainteté, vous avez souvent dit que développer l'aptitude à la compassion mondiale exige d'avoir deux ailes, tout comme un oiseau. Une aile représente la motivation et la compassion ; l'autre aile fait appel à la raison, à la sagesse et à la compréhension. De même, en termes de neurosciences, cette métaphore illustre les deux réseaux ou circuits neuronaux responsables de

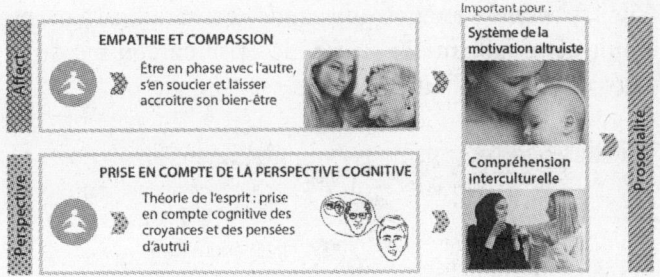

6.4. Chez les humains, le cerveau possède deux réseaux principaux responsables de la compréhension sociale. (Photo, à gauche : Lighthunter/Shotshop.com. Milieu : petrograd99/Shotshop.com. À droite : photography.eu/Shotshop. Dessin : MPI-CBS. Icône : Abteilung soziale Neurowissenschaft)

la compréhension humaine dans le cerveau humain : le circuit émotionnel et le circuit cognitif (schéma 6.4).

Dans l'étude du ReSource Project, nous avons évalué ces deux circuits neuronaux différents, respectivement responsables de la compréhension socio-affective et sociocognitive, en demandant aux sujets de se soumettre à un scanner du cerveau. Tandis qu'ils étaient dans le scanner, nous leur montrions des vidéos où des personnes racontaient les souffrances qu'elles avaient vécues dans leur vie. Outre les contenus, soit émotionnels soit neutres de ces histoires, certaines situations relatées dans la vidéo exigeaient que les participants se mettent à la place de la personne en détresse, afin de comprendre ses actes. Au niveau cérébral, nous avons fait le constat suivant : si le sujet éprouve beaucoup de compassion et d'empathie face à la souffrance de l'autre, le circuit neuronal qui gère l'émotion sociale est activé. C'est ce que montrent les zones quadrillées des cerveaux figurant sur l'image suivante (image 6.5).

Sur les mêmes images du scanner cérébral, on voit en pointillé le niveau cognitif de la prise en compte de la perspective de l'autre.

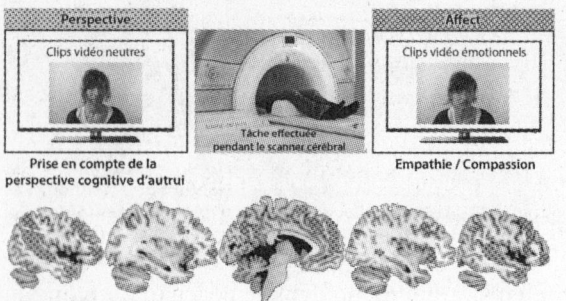

6.5. L'empathie et la prise en compte de la perspective d'autrui empruntent des circuits neuronaux distincts. (Image de scanner : MPI-CBS ; autres images : Abteilung soziale Neurowissenschaft)

Ces deux circuits neuronaux sont indépendants l'un de l'autre. Ce qui signifie que certaines personnes sont capables d'éprouver beaucoup d'empathie et de ressentir vraiment la souffrance de l'autre, mais peuvent s'avérer incapables de la mentaliser, c'est-à-dire de se représenter et de comprendre cette détresse au niveau cognitif. On observe également la situation inverse. Par conséquent, munis de ces informations, nous avons décidé de voir s'il était possible au cours de cette étude de développer ces aptitudes en appliquant les programmes « Affect » et « Perspective ». Concernant le module « Affect », nous nous sommes posé la question suivante : « Peut-on développer la compassion et activer les systèmes responsables de la motivation, de l'émotion et de l'attention à l'autre dans le cerveau et le comportement du sujet ? » Concernant le module « Perspective », nous nous sommes demandé : « Peut-on accroître la capacité des gens à prendre en compte certains aspects d'eux-mêmes et d'autrui ? »

L'entraînement à la compassion et à l'attention à autrui

Les données du ReSource Project ont montré que trois mois de pratique de pleine conscience fondée sur l'attention, trois mois de pratique fondée sur la compassion et trois mois d'exercices destinés à accroître la prise en compte cognitive de la perspective d'autrui débouchent sur des différences nettes au niveau de la plasticité du cerveau, du stress et du comportement. Sur le graphique 6.6, on constate que les participants du groupe 4 (le groupe de contrôle), auxquels on avait demandé de simplement continuer à mener leur vie habituelle, de vieillir d'une année, n'ont pas développé davantage de compassion tout au long de cette étude. Les sujets qui ont suivi les trois mois d'exercices destinés à cultiver la pleine conscience fondée sur l'attention ont développé une plus grande faculté à se concentrer sur le moment présent, ainsi qu'à augmenter leur attention portée à la conscience corporelle. Toutefois, ces exercices n'ont pas accru leur niveau de compassion. Ce n'est que sur les sujets du programme « Affect » fondé sur la préoccupation de l'autre, et au cours duquel les participants ont concentré leur attention et leurs intentions sur « l'ouverture du cœur », en pratiquant tous les jours les méditations sur la compassion, la bonté et la gratitude, que nous avons observé un effet très spécifique : l'augmentation de leur niveau de compassion.

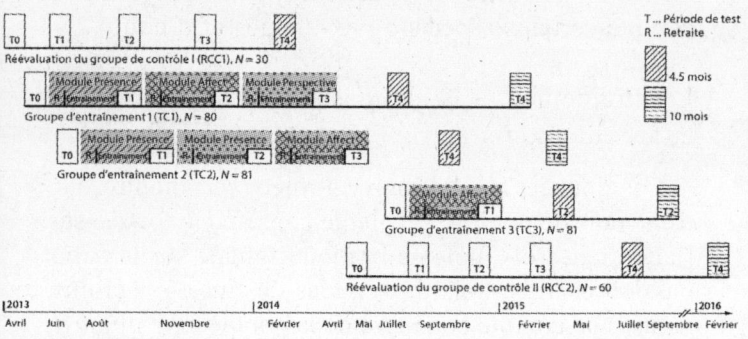

6.6. Le programme « Affect » a montré le plus haut niveau d'accroissement de la compassion.

La théorie de l'esprit

La « théorie de l'esprit » est la capacité à prendre en considération l'esprit de l'autre, c'est-à-dire de comprendre et de se représenter ses croyances et ses pensées. C'est une forme d'intelligence sociale. Le ReSource Project a montré que la pratique de l'ouverture du cœur accroît l'altruisme et la compassion, mais qu'elle n'améliore pas la faculté de comprendre les croyances cognitives de l'autre, ce qui est l'effet spécifique du programme sociocognitif que nous avons appelé « Perspective ». En outre, ces découvertes nous ont révélé que l'on peut développer la compassion et la théorie de l'esprit en pratiquant des exercices particuliers sur une base quotidienne (schéma 6.7).

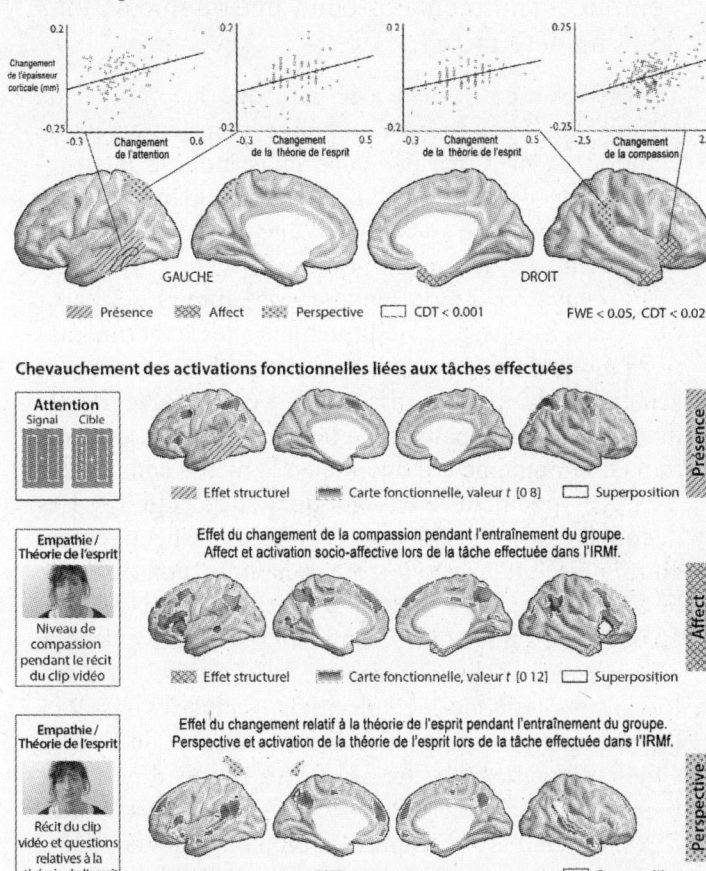

6.7. Il est possible de développer la théorie de l'esprit en ayant recours à un entraînement de l'esprit spécifique visant à considérer la perspective de l'autre. (Photo : Abteilung soziale Neurowissenschaft)

La plasticité structurelle du cerveau : l'entraînement mental produit une augmentation de la matière grise

Le ReSource Project a montré que la pratique de la méditation quotidienne change non seulement le comportement d'une personne mais modifie la structure même de son cerveau. Les participants à notre étude avaient une moyenne d'âge de 43 ans. Alors que la plupart des scientifiques affirment que le cerveau décline et que la matière grise diminue à partir de 25 ans à cause du vieillissement, nos expérimentations montrent que nous pouvons provoquer un accroissement de la matière grise dans l'épaisseur corticale de réseaux neuronaux spécifiques, au terme de trois mois d'entraînement d'attention à la pleine conscience, au développement socio-émotionnel et cognitif. Les découvertes ont révélé que l'on peut respectivement entraîner les deux circuits neuronaux responsables de la compréhension sociale. Plus la matière grise s'était épaissie dans une zone connue pour être active dans la compréhension de son propre esprit et de celui d'autrui – processus de mentalisation –, plus les résultats des participants qui pratiquaient la théorie de l'esprit s'étaient améliorés au terme des trois mois d'entraînement du programme « Perspective ». À l'inverse, plus l'insula s'était épaissie, plus la compassion s'était développée chez les participants à l'issue du programme « Affect ».

L'entraînement à la compassion améliore le comportement prosocial et la coopération

Par ailleurs, d'autres observations nous ont montré que les pratiques méditatives fondées sur le développement de la compassion améliorent le comportement prosocial. Ainsi, dans le ReSource Project, nous avons utilisé 14 paramètres différents pour évaluer la prosocialité chez l'homme, y compris des paramètres psychologiques et économiques. On demandait par exemple aux sujets de négocier et de distribuer certaines sommes d'argent. Nous avons pu mettre en lumière un facteur que nous appelons l'« altruisme pur » et qui se définit par le fait qu'une personne donne sans attendre aucune réciprocité. Ce comportement s'accroît considérablement après que les sujets ont suivi et terminé le programme « Affect », fondé sur le développement de la compassion. La pratique de l'ouverture du cœur a permis à cette attitude altruiste de se manifester avec le plus d'acuité.

Application des données du ReSource Project dans le domaine économique

Jusqu'à présent, les économistes ont adopté le point de vue classique de l'*Homo economicus*, c'est-à-dire l'idée selon laquelle la nature humaine est égoïste et l'homme ne cherche qu'à optimiser ses propres gains. Pourtant, à l'issue d'une étude menée dans le cadre du ReSource Project, nous avons constaté que 20 à 30 minutes d'entraînement mental par jour suffisent à transformer une personne égoïste en une personne altruiste. Ce qui signifie que le point de vue économique classique est fondamentalement faux. Les soi-disant « préférences » ne sont pas des valeurs déterminées ni stables. Une représentation plus réaliste de la nature humaine consiste à dire que nous avons différents systèmes motivationnels et que, si nous activons le système de l'altruisme, nous augmentons notre comportement prosocial ainsi que nos facultés altruistes. Par contre, activer le système lié au pouvoir induit un comportement compétitif, mais pas uniquement : ainsi qu'Alexandra Freund l'a fait remarquer, le pouvoir débouche parfois sur des attitudes altruistes. Ces données nous ont amenés à effectuer des expérimentations plus approfondies sur cette problématique afin de voir s'il était possible d'induire un motif de pouvoir altruiste, c'est-à-dire un motif qui aurait pour but la préoccupation du bien-être d'autrui, et d'en observer ensuite le mode de fonctionnement dans les comportements et la prise de décision économique.

Expérimentations destinées
à induire l'altruisme dans le contexte
de la prise de décision

Afin d'induire l'altruisme dans le cadre de la prise de décision économique, nous avons demandé aux sujets de notre étude, avant de participer à plusieurs jeux de transactions où ils devaient échanger de l'argent avec leurs partenaires, de regarder une vidéo qui montrait d'adorables petits chiots. Afin d'activer le système de la préoccupation du bien-être de l'autre, nous leur avons dit qu'ils pourraient jouer avec les petits chiots à la fin de ces jeux « monétaires ». De même, afin d'activer la motivation de pouvoir, nous avons attribué un rôle d'autorité aux participants en leur disant simplement : « Maintenant, vous êtes le chef, et vous allez dire à un groupe de gens ce qu'ils doivent faire. » Puis nous avons évalué le comportement économique des sujets à l'aide de multiples paramètres (schéma 6.8).

Nous avons découvert qu'après avoir induit une motivation altruiste chez les participants pendant un temps très court leur comportement monétaire prosocial et altruiste augmentait.

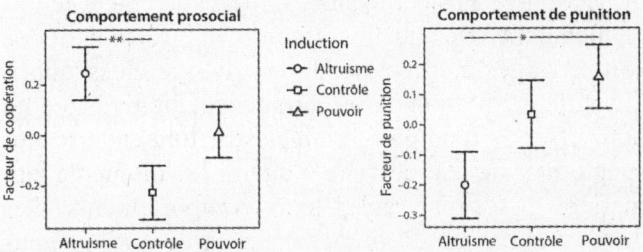

6.8. Induire une motivation de prise en compte de l'autre favorise un comportement plus social.

Lorsqu'on induisait un comportement fondé sur le pouvoir, on observait un accroissement des attitudes associées à la punition, attitudes assez semblables à celles d'un policier : le sujet prenait l'argent de son partenaire au lieu de le lui donner. Bien que de tels comportements de sanction s'avèrent indispensables pour pénaliser les profiteurs, dans le cadre de notre expérience, il s'agissait d'encourager une attitude radicalement différente des comportements de don induits par l'altruisme.

Nos sociétés ont mis en place des moyens importants et utiles pour promouvoir le changement en instaurant, par exemple, des structures telles que le système judiciaire, entre autres institutions. Cependant, le ReSource Project a mis en lumière quelque chose de beaucoup plus puissant que ces systèmes institutionnels : passé l'âge de 25 ans, nous pouvons accroître le volume de la matière grise dans notre cerveau et modifier notre comportement prosocial en effectuant tous les jours une pratique mentale spécifique pendant 20 à 30 minutes. La majorité des participants du ReSource Project avaient un travail à plein temps et menaient une vie très active. Malgré tout, ils se sont engagés à effectuer de courts exercices quotidiens de méditation. Ces pratiques méditatives ont eu pour effet de modifier certaines structures neuronales spécifiques de leur cerveau, à savoir le volume de leur matière grise, mais aussi leurs comportements. Ces découvertes sont encourageantes parce que, si nous commencions à enseigner ces exercices aux enfants, qui sont beaucoup plus souples et flexibles que les adultes, nous deviendrions tous capables d'accroître notre compassion, notre prise en compte d'autrui et notre intelligence sociale.

Sur le modèle du ReSource Project, nous pourrions envisager la création d'un institut qui aurait pour but de développer l'entraînement mental et l'éducation, non seulement pour modeler différemment le monde extérieur, mais aussi pour prendre conscience du pouvoir de développement intérieur qui se trouve en chacun de nous. Ainsi pourrions-nous cultiver notre aptitude à l'altruisme, ce qui permettrait d'instaurer une société plus compassionnelle et davantage capable de prendre des décisions équilibrées.

Chapitre 7

Utiliser la compassion et la pleine conscience pour équilibrer les forces du pouvoir et de l'attention à autrui

Richard Schwartz

Richard Schwartz, titulaire d'un doctorat en thérapie familiale et conjugale, fait partie du département de psychiatrie à l'université Harvard. Il a développé un modèle de psychothérapie appelé Internal Family System (IFS), en réponse aux descriptions de patients qui qualifiaient certaines parties d'eux-mêmes d'« extrêmes », ou de « sous-personnalités » latentes à l'intérieur de leur psychisme. Bien que ce système ait été conçu au départ comme une approche thérapeutique, l'IFS s'est développé au point d'inclure un large éventail de pratiques contemplatives et de traditions spirituelles. Cette forme de psychothérapie principalement utilisée dans la résolution des conflits est pratiquée dans de nombreux pays.

Votre Sainteté, ainsi que mes collègues vous l'ont exposé précédemment, toutes les structures humaines, à tous les niveaux – qu'il s'agisse de pays, de familles ou d'individus – répondent à deux incitations prépondérantes : l'une orientée vers l'altruisme, l'autre vers le pouvoir. L'altruisme est la force qui incite une personne à ressentir de l'empathie envers autrui, à se relier, à ouvrir ses propres frontières intérieures et à créer une communauté. Par contre, le sujet sous l'emprise de l'impulsion du pouvoir considère ses actions dans le monde comme des moyens de satisfaire ses besoins et de protéger les frontières de son système de défense personnel.

Les forces du pouvoir et de l'altruisme sont toutes deux importantes, mais l'équilibre entre ces deux impulsions est crucial. Je pense que Martin Luther King et le Mahatma Gandhi possédaient en eux-mêmes ces deux éléments de pouvoir et d'altruisme, ce qui leur a permis d'agir avec une puissance inégalée. Mais les impulsions peuvent devenir extrêmes et, lorsque c'est le cas, elles risquent de submerger la personne et de la couper de ses aspects positifs.

Lorsque les impulsions deviennent extrêmes

Les impulsions peuvent prendre une forme paroxystique si une structure comporte de nombreux membres négligés, indigents ou blessés. Par exemple, si un groupe a été traumatisé dans le passé, comme les chimpanzés qu'a évoqués Frans de Waal, et s'il est porteur d'émotions et de croyances extrémistes provoquées par ce traumatisme antérieur, l'une de ces deux forces devient très puissante et risque de le submerger. En outre, si un groupe humain a hérité de croyances radicales transmises de génération en génération, ou bien s'il est dirigé par un chef faible et partial, dans les deux cas, il risque d'opter pour l'une ou l'autre de ces deux inductions.

De nombreux pays font face à la crise des migrants. Dans ces pays, une partie des habitants s'identifient à leurs souffrances ; ils considèrent ces hommes et ces femmes comme des ressources de valeur et veulent ouvrir leurs frontières. Inversement, d'autres citoyens choisissent le nationalisme. Ils pensent tout d'abord à « leur » pays et veulent fermer les frontières. Les nations, en tant que systèmes, doivent trouver un équilibre entre ces deux impulsions. Si une nation comporte une grande majorité d'exclus et une différence de revenus considérable entre les riches et les pauvres, elle deviendra plus vulnérable et les polarités ne feront qu'augmenter chez chacun des deux groupes sociaux qui constituent sa population. Lorsqu'un pays véhicule des croyances racistes qui se sont transmises d'une génération à l'autre, l'impulsion prédominante l'orientera vers le pouvoir.

J'ai travaillé avec des familles qui avaient un enfant fragile et j'ai constaté cette lutte de pouvoir au sein même de la structure familiale. L'un des parents s'identifie à la vulnérabilité et à la sensibilité de l'enfant et veut préserver son innocence et son ouverture au monde. L'autre, au contraire, estime que le monde va l'écraser et qu'il faut par conséquent l'endurcir, lui inculquer la méfiance et l'agressivité vis-à-vis du contexte extérieur. Étant donné que chacun estime que l'attitude de l'autre nuit à l'enfant, le couple adopte des positions extrêmes, au point qu'il en vient à lui nuire réellement et qu'il encourt en outre le risque de détruire la cellule familiale.

L'aspect altruiste peut lui aussi devenir extrême au point d'annihiler l'aspect de pouvoir. À Boston, dans le Massachusetts, nous avons mené une étude sur quarante patients souffrant d'arthrite rhumatoïde, recherche qui a été publiée dans le *Journal of Rheumatology*. La majorité des patients étaient des femmes, catholiques d'origine irlandaise, dont le travail social consistait principalement à s'occuper des autres et à ne jamais penser à elles-mêmes. Pour cette étude, nous leur avons demandé de se concentrer sur leur douleur et de la questionner, au lieu de lutter contre elle et de tenter de s'en débarrasser. Les patientes ont été surprises de leurs propres réponses qui provenaient pour la plupart de l'aspect de pouvoir qui avait été relégué au fond d'elles-mêmes : la douleur était une façon de susciter l'attention bienveillante du monde extérieur ou constituait une tentative de sabotage de leur part d'altruisme si prépondérante chez elles. Au fur et à mesure qu'elles parvenaient à créer un nouvel équilibre entre ces deux forces, en écoutant directement l'aspect de pouvoir qui était en elles, leurs symptômes ont diminué d'intensité, et certaines ont même connu une rémission.

Le recours à la pleine conscience pour transformer les émotions extrêmes

J'ai également travaillé avec des personnes dont l'aspect de pouvoir était dominant, des patients que l'on qualifierait de « personnalités narcissiques » ou de « sociopathes », ou encore « antisociales ». Lorsque je travaille avec de tels patients, je leur demande toujours de faire la même chose, c'est-à-dire d'essayer de se dissocier de cet aspect extrêmement égoïste d'eux-mêmes, en commençant par prendre conscience de ce trait de caractère, puis en s'adressant à cet aspect égoïste en lui posant les questions suivantes : « Quel est ton objectif ? Qu'essaies-tu de faire ? Pourquoi me rends-tu si égoïste ? » La réponse qui revient le plus souvent est : « Si je ne me conduis pas comme ça, je me sens impuissant et inutile. » En tant que psychothérapeute, si je réussis à concentrer l'esprit du patient sur ce sentiment d'inutilité et d'impuissance, cette démarche débouche sur des scènes du passé où il s'est trouvé dans des situations qui ont suscité ces sentiments en lui. En ouvrant son cœur à ces souvenirs, à ces facettes enfouies au fond de lui-même, l'aspect de sa personnalité qui était orienté vers le pouvoir, ou qui le recherchait, est alors susceptible de se déplacer. Par conséquent, il est capable de créer un équilibre plus stable entre le pouvoir et l'altruisme. Il me semble que ce que l'on considère comme des émotions destructrices n'est souvent que des versions exacerbées de l'une ou l'autre de ces deux forces. Lorsque les personnes essaient de les combattre ou de les ignorer, elles deviennent alors excessives. Toutefois, si je réussis à aider les patients à observer avec attention leur émotion destructrice, et à engager un dialogue avec elle, ils découvrent souvent qu'elle avait pour fonction de les protéger.

Récemment, j'ai travaillé avec un homme qui ressentait la volonté constante de tuer son ex-femme. Cette impulsion lui faisait terriblement peur. Il employait toutes ses forces à s'en détourner et à la confiner dans un recoin de son psychisme. Au cours de l'une de nos séances, je lui ai demandé si, au lieu de lutter contre cette impulsion, il voulait bien essayer de la connaître et de voir ce qu'elle avait à lui dire. L'homme a tout d'abord résisté à cette suggestion parce qu'il craignait, en lui ouvrant la porte, de lui donner davantage de pouvoir sur lui, au point de se laisser submerger et de commettre un acte qu'il regretterait. Je lui ai expliqué que l'inverse se produirait. S'il voulait bien ouvrir son esprit et son cœur à cette impulsion, il découvrirait qu'elle pouvait changer. L'homme a fini par accepter ma proposition. Je lui ai demandé de se concentrer sur son impulsion en la considérant avec compassion et curiosité, et de s'adresser à elle en lui demandant ce qu'elle pouvait redouter s'il ne parvenait pas à tuer son ex-épouse. Il m'a répondu que, s'il ne commettait pas cet acte, il se sentirait impuissant. Il a alors revécu la scène où sa femme l'avait quitté pour vivre avec un autre homme et le sentiment d'impuissance totale qu'il avait éprouvé à ce moment-là. Je lui ai demandé de se concentrer sur ce ressenti, ce qui l'a amené à se remémorer une autre scène. Il avait cinq ans et ses parents se querellaient. Son père avait commencé à battre sa mère, qui avait sauté par la fenêtre du second étage et s'était blessée. L'homme a alors ressenti toute l'impuissance qu'avait éprouvée le petit garçon qu'il était au moment de l'incident. Un immense sentiment de compassion l'a submergé et il s'est mis à pleurer en pensant au petit garçon qui avait vécu ce drame. Après cette réminiscence traumatique, la pulsion de tuer sa femme s'est transformée en un désir de s'aider lui-même, c'est-à-dire de trouver une autre compagne, d'avoir cette forme de pouvoir. Ce patient a été capable de retrouver un meilleur équilibre entre pouvoir et attention à autrui.

Guérir par la compassion le petit enfant qui est en nous

Je pense que revisiter ces lieux de vulnérabilité qui font partie de notre histoire relâche de l'ocytocine. J'ai été ému par la photo de Sarah Blaffer Hrdy montrant des policiers tenant des bébés dans leurs bras. Si ces hommes endurcis parviennent à se relier au petit enfant qu'ils ont été, cette démarche peut les aider à accéder à une dimension d'altruisme qui leur faisait défaut jusqu'à présent.

Votre Sainteté, il me paraît très utile d'aller à la rencontre de nos ennemis intérieurs, en étant animés de la même compassion et de la même curiosité que celles que vous préconisez pour faire face à nos ennemis extérieurs.

Dialogue entre le Dalaï-Lama,
les intervenants et la modératrice

ROSHI HALIFAX : Votre Sainteté, nous allons maintenant passer à la partie consacrée au dialogue. J'aimerais commencer par poser la question suivante à Alexandra Freund : « Y a-t-il un rapport psychologique entre pouvoir et altruisme ? »

ALEXANDRA FREUND : Oui. Il est intéressant de souligner qu'en général les individus ne considèrent pas le pouvoir comme un motif très incitatif. Ils préfèrent s'en détourner, sauf ceux qui occupent déjà une telle position. Nous avons tendance à le considérer comme une force qui risque de nuire aux autres, de négliger leurs sentiments ou de ne pas en tenir compte du tout. Nous envisageons l'altruisme comme le contraire du pouvoir et nous l'associons au fait d'être extrêmement attentif à ce qui se passe chez l'autre. Je pense que le pouvoir et le souci d'autrui sont tous deux nécessaires à un bon équilibre. Par exemple, si vous voulez prendre soin d'une personne, il faut que vous sentiez que vous avez la faculté de faire quelque chose de positif pour elle.

On peut dire que, d'une certaine façon, ce sentiment est une position de pouvoir. Toutefois, la personne dont nous prenons soin n'est pas totalement impuissante. Elle peut refuser le soin que nous lui prodiguons et, si vous vous êtes déjà trouvé dans ce genre de situation, vous avez pu constater que c'est un rejet très puissant ! Il ne s'agit donc pas d'une simple répartition des forces, de type : ici, c'est le pouvoir, là, c'est l'altruisme. Ces deux attitudes sont intrinsèquement liées. Je pense que, dans ces deux situations, il y a des aspects de l'une qui interagissent puissamment avec l'autre.

ROSHI HALIFAX : Y aurait-il une troisième instance qui représenterait un niveau d'intégration entre le pouvoir et l'altruisme ?

ALEXANDRA FREUND : Je crois que nous avons absolument besoin d'envisager une perspective plus intégrative. Mais, pour l'instant, je n'ai connaissance d'aucune théorie ni étude portant sur l'interaction entre ces deux forces. Nous avons tendance à les considérer comme des entités séparées, donc nous passons à côté de leur fonctionnement interactif tel qu'il se déroule vraisemblablement. Lorsque nous agissons d'une certaine façon, les motifs du pouvoir et de l'altruisme s'intègrent pour accomplir une action spécifique, ou bien ils s'organisent en fonction de notre perception du monde.

RICHARD SCHWARTZ : Il me semble que, lorsque je demande aux gens d'observer avec attention ce qui se passe en eux, ils accèdent à un troisième niveau, un état de conscience plus cohérent ou intégré. Lorsqu'ils se dissocient des états paroxystiques, les patients se sentent soudain très calmes. Pour traduire cet état, nous avons huit adjectifs qui commencent par « C » : calme, curieux, compassionnel, connecté, courageux, confiant, créatif et clair. Je ne sais pas si l'on peut comparer cet état à la notion de nature de bouddha propre au bouddhisme tibétain, ou s'il comporte certains éléments susceptibles de s'y rattacher. Pourtant, le simple fait d'aider les patients à accueillir ces aspects paroxystiques afin qu'ils s'ouvrent à leur intériorité semble leur permettre d'accéder à un état de cohérence qui me paraît constituer leur essence même. Lorsque le patient y accède, il possède la sagesse nécessaire pour instaurer un équilibre et travailler avec les deux forces du pouvoir et de l'altruisme.

TANIA SINGER : En neurosciences, nous avons fait des recherches sur la distinction qui existe entre empathie et compassion. On définit l'empathie comme étant le sentiment qui permet d'entrer en résonance avec la souffrance d'autrui. Le danger de cette résonance est qu'elle risque de transformer ce ressenti empathique en ce que l'on appelle la détresse empathique. Il y a énormément de soignants, médecins qui, face à la souffrance, réagissent en éprouvant une résonance empathique naturelle. Cependant, lorsque cette réponse est constamment activée, elle ne tarde pas à se transformer en stress ; le soignant entre alors dans un état pathologique et s'épuise. Dans le cadre du ReSource Project, nous avons conduit des expérimentations dans le but d'apprendre aux personnes concernées comment distinguer la détresse empathique de la compassion, et comment transformer une réponse naturellement empathique en une réponse compassionnelle afin de prévenir l'état de détresse.

La compassion est un état très puissant, énergique, chaleureux et bienveillant qu'il ne faut pas confondre avec l'empathie telle que nous la définissons. La compassion ne consiste pas à s'identifier *avec* (« je souffre, tu souffres, je suis heureux, tu es heureux »), il s'agit d'éprouver un sentiment *envers* une autre personne. Il s'agit d'éprouver de l'attention, de l'amour bienveillant et de la compassion *envers* autrui. Matthieu m'a dit un jour : « Il est impossible d'éprouver une fatigue de la compassion. » Il s'agit d'un état extrêmement puissant d'acceptation dénuée de tout jugement. Lorsque des gens entrent dans cet état particulier, leur attitude corporelle change et leur détresse empathique disparaît. C'est ce que nous devrions enseigner avec clarté et à une échelle beaucoup plus large, et tout particulièrement au personnel soignant.

ROSHI HALIFAX : Je crois que le mot que je cherchais, celui qui intègre le pouvoir et l'altruisme, c'est précisément « compassion ».

MARKUS HEINRICHS : Je voudrais insister sur le fait qu'en réalité les choses ne sont pas aussi simples que nous venons de les présenter. Il est évident que la préoccupation de l'autre n'est pas exclusivement bonne, et que le pouvoir n'est pas absolument mauvais. La testostérone *n'est pas* l'hormone du pouvoir ou de l'agressivité ; l'ocytocine *n'est pas* l'hormone de l'amour. Comme nous l'a dit Frans de Waal dans son exposé, chez les chimpanzés, les puissants mâles alpha doivent prendre soin des autres s'ils veulent garder leur position de leader. Si l'on administre de la testostérone à des femmes et qu'on leur demande de jouer en toute équité à un jeu d'argent au cours duquel elles ont le choix de le partager ou non avec leurs partenaires, on observe que, plus les taux de testostérone sont élevés, plus la répartition de l'argent est honnête. L'évolution nous fournit une bonne explication : si vous occupez une position de pouvoir, il vous est beaucoup plus profitable d'assurer le bien-être des membres de votre groupe. Je pense donc qu'il est très artificiel de séparer les notions de pouvoir et d'altruisme. Il me semble qu'elles sont associées de façon très complexe ; ce qui fait qu'il est très intéressant, mais aussi difficile, de trouver des explications et des réponses simples.

ROSHI HALIFAX : Nous connaissons maintenant les aspects positifs et négatifs de la testostérone. Je pense que nous avons une conception erronée de l'ocytocine. Pouvez-vous brièvement nous exposer ses inconvénients ?

MARKUS HEINRICHS : Je pense qu'il est très important de garder à l'esprit que l'ocytocine, comme toutes les hormones, ne produit pas d'effet comportemental simple par elle-même. Si des personnes s'asseyent à la table de leur cuisine et s'administrent une pulvérisation d'ocytocine, je présume qu'il ne se passera rien de particulier, excepté une irritation des muqueuses due à un usage chronique. Dans le contexte d'une situation d'expérimentation contrôlée, l'administration d'hormones permet d'observer des effets particuliers, mais l'hormone elle-même n'induit pas un comportement complexe en toutes circonstances. En laboratoire, ces expérimentations sont toujours provoquées par une situation sociale spécifique. En outre, en contexte psychothérapeutique, l'ocytocine seule ne constitue en aucun cas une thérapie de l'autisme ni des troubles de la personnalité limite. Il faut des psychothérapies innovantes et subtiles pour changer le comportement, les expériences ou le mode d'attachement. Nous avons l'espoir qu'en élevant le niveau d'ocytocine dans le cerveau, nous pouvons aider la psychothérapie à être plus efficace dans le traitement de troubles psychiques que nous ne réussissons pas à traiter jusqu'à présent ; surtout dans le domaine des troubles psychosociaux. Sa Sainteté a fait référence à l'interaction entre la culture, la spiritualité et la science. Ce que nous pouvons proposer pour l'instant, ce sont des aperçus expérimentaux intéressants, le fonctionnement de certains mécanismes et molécules, mais ils ne suffisent pas à expliquer la complexité des comportements humains, tels que la compassion et l'altruisme.

Roshi Halifax : Tania, vous avez entrepris un travail de recherche tout à fait extraordinaire : le ReSource Project. Pouvez-vous nous parler des participants qui n'ont pas été affectés par les programmes d'entraînement et, selon vous, quelle en est la raison ?

Tania Singer : C'est une étude qui nous a demandé dix ans de préparation et deux ans d'essais, donc autant dire que nous sommes au tout début de notre compréhension des multiples interactions complexes qui se produisent. Nous avons différents moyens de mener nos analyses : en observant le cerveau, le comportement ou les hormones. Je n'ai exposé que les changements observables au niveau du groupe, parce que nous commençons tout juste à comprendre nos découvertes. Je ne peux donc affirmer certaines choses qu'à partir de l'observation des différences entre les participants. Mais nous allons approfondir les raisons qui expliquent la diversité des réactions entre les sujets de notre étude dans les années à venir.

Je peux partager avec vous le fait que le programme appelé « Présence », centré sur la pleine conscience, a été facile pour tout le monde : les participants ont accepté naturellement ces exercices. Mais lorsque nous en sommes venus à la pratique de la compassion et de la bonté aimante du programme « Affect », il est apparu très clairement que, dans chacun des trois groupes, il y avait une partie des sujets qui ne parvenaient pas à ouvrir leur cœur si facilement. Ils disaient : « Je n'arrive pas à accéder à un espace d'amour et d'altruisme. Je ne ressens pas ces sentiments ni la motivation pour le faire. Je ne peux même pas imaginer une personne pour laquelle j'éprouverais de l'amour. » Ces participants étaient bloqués, ils ont traversé des moments très difficiles. Certains sont même restés dans cet état de blocage mental pendant trois mois et ont été incapables de mener à bien cette pratique. Pour d'autres, au contraire, au bout de quelques semaines d'entraînement, il s'est produit une avancée soudaine, accompagnée de beaucoup de larmes. J'ignore quel est le pourcentage exact de personnes qui ont dû lutter pour développer la compassion, mais je l'estime à un tiers des participants, peut-être un peu moins. La moitié a réussi à éprouver énormément d'amour, et un mieux-être s'est immédiatement fait sentir ; d'autres sont restés totalement fermés. L'une de nos prochaines étapes sera maintenant d'examiner l'histoire de ces personnes en termes de niveaux d'attachement et d'anxiété, afin d'essayer de déterminer quel type de pratique est plus profitable en fonction de la personnalité de chacun.

Nous avons effectué une autre observation, qui n'a pas encore été complètement analysée, portant sur l'ordre dans lequel les programmes ont été entrepris. Par exemple, un groupe a tout d'abord suivi le programme appelé « Perspective », qui se concentre sur la prise en compte des pensées et des émotions de soi-même et d'autrui, puis il est passé au programme « Affect », qui porte sur le développement de la compassion et de l'altruisme, alors qu'un autre groupe effectuait en premier lieu le programme « Affect » et passait ensuite au programme « Perspective ». Il semble qu'il ait été plus facile pour les participants d'accéder d'abord à une perspective d'ensemble, au détachement et à l'équanimité, avant d'entreprendre les pratiques d'« ouverture du cœur ».

Votre Sainteté, j'aimerais vous demander si, selon la pratique bouddhiste, il vaut mieux commencer par stabiliser l'esprit et parvenir à une pleine conscience fondée sur l'attention, avant de progresser vers la perception de l'esprit d'autrui puis d'entreprendre une réelle pratique de la compassion. Ou bien cet ordre des programmes tel que nous l'avons suivi est-il quelque chose que nous venons de découvrir et qui n'est pas pertinent dans les traditions religieuses ?

Le Dalaï-Lama : J'apprécie que certaines personnes s'intéressent au fonctionnement de l'esprit et à la gestion des émotions. Ces points sont importants puisque l'esprit est le principal fauteur de troubles. Si nous pouvions travailler sur nous-mêmes pour atteindre une véritable paix de l'esprit et une perspective plus large, nos problèmes extérieurs ne nous perturberaient plus. Et l'on maîtriserait d'autant mieux nos douleurs physiques.

Le principal but de la méditation, grâce à la pratique de la focalisation en un point, ou de l'attention méditative portée à un objet particulier, n'est pas seulement de mettre un terme à l'éparpillement de l'esprit, mais de nous permettre d'utiliser notre intelligence pour cultiver la compassion. Au niveau biologique, nous faisons déjà cette expérience de la compassion, mais l'attachement vient l'entraver au niveau mental.

L'histoire de cet homme qui s'apprêtait à tuer son ex-épouse s'explique en partie par un attachement excessif à l'estime de soi. Au début de sa relation avec sa femme, il avait sans doute une attitude de bonté aimante et de compassion, mais au fil du temps, des problèmes ont surgi qui l'ont mené à éprouver de l'attachement et d'autres sentiments négatifs. En tant que bouddhistes, nous essayons de développer une affection, ou une compassion, qui ne soit pas mêlée d'attachement. Le raisonnement permet d'y parvenir en évaluant les avantages et les inconvénients de la bonté du cœur par opposition à la colère et à la haine. C'est ainsi que nous cultivons une authentique compassion qui s'exerce même envers notre ennemi. La méditation analytique nous permet de mettre un terme à nos actes négatifs et pernicieux en prenant en compte le bien-être d'autrui. Elle nous fournit les moyens de développer une attitude plus positive envers tous les êtres, y compris nos adversaires, de telle sorte qu'ils ne troubleront plus la paix de notre esprit. C'est ce que nous appelons l'amour infini, et cette expérience n'advient que par l'entraînement de l'esprit.

Le premier niveau que l'on atteint est la préparation à la méditation qui provient des enseignements que l'on a entendus et lus, et qui nous fournissent la confiance nécessaire pour entreprendre la méditation proprement dite. À ce niveau-là, la compassion est une simple notion dont on sait qu'elle est positive. Au second stade de la pratique, on devient capable de sonder ses pensées et de les analyser à l'aide de la raison, afin de parvenir à une réelle conviction. À ce niveau, la pratique exige des efforts : se familiariser avec cette nouvelle manière d'être demande un entraînement et une expérience qui peuvent représenter de nombreuses années. Le troisième niveau est le résultat ultime de la réflexion critique. Grâce à une profonde familiarisation et à une pratique constante, ce niveau de méditation devient un état qui n'exige plus aucun effort, c'est alors que l'expérience méditative fait partie intégrante de notre propre nature.

Pour répondre plus particulièrement à la question de Tania : oui, il y a un ordre pour aborder la pratique de la compassion. Après avoir instauré un état d'esprit stable, la première étape consiste à développer l'équanimité, c'est-à-dire le sentiment que tous les êtres méritent notre amour et notre compassion à parts égales, sans partialité ni attachement. Ce qui signifie que nous ne devons pas raisonner en posant des jugements de valeur tels que : « Ils me sont utiles », ou bien : « Ils font preuve de beaucoup de gentillesse envers moi. » C'est de l'attachement. De même, afin de se préparer à effectuer une authentique méditation sur la compassion, il faut éliminer toute attitude négative empreinte de colère, de haine ou de méfiance.

Selon la tradition, nous employons deux méthodes pour méditer sur la compassion. La première consiste à considérer que tous les êtres nous ont été chers, puisqu'ils ont été nos mères dans des existences passées. La seconde méthode, qui est plus efficace, consiste à réfléchir très sérieusement aux conséquences négatives d'un égoïsme excessif, ainsi qu'aux effets positifs qui résultent du fait de penser davantage au bien-être d'autrui et de s'en préoccuper. Ainsi, il est dit dans *Le Chemin vers l'Éveil** (*Bodhicaryavatara*) :

« Si je n'échange pas authentiquement
La souffrance des autres contre mon bonheur,
Je n'accomplirai pas la bouddhéité
Et ne serai pas même heureux dans le *samsara*. »

Personne ne veut avoir de problèmes, et pourtant nous créons nous-mêmes nombre de nos difficultés parce que nous n'avons pas développé une perspective

---

* Texte très célèbre et très étudié du grand sage et philosophe indien Shantideva qui vécut aux VIIe et VIIIe siècles. *(N.d.T.)*

plus holistique. Si nous ne réfléchissons pas au sens de nos actes, nous continuerons à suivre une approche basée sur les habitudes et l'égoïsme. De ce point de vue, la méditation est la méthode indispensable pour nous enseigner la bonté du cœur. Si nous nous contentons d'affirmer : « Dieu a dit ceci », ou « Le Bouddha a dit cela », nous penserons simplement : « Bon, c'est très bien », et nous en resterons là. Or ce sont nos propres expériences méditatives qui nous mèneront à une réelle conviction. C'est en comprenant l'importance des valeurs intérieures, notamment grâce à l'éducation, que l'humanité connaîtra davantage de bonheur. Au lieu d'attendre quelque chose des gouvernements ou des dirigeants, il nous faut commencer au niveau individuel. C'est ainsi qu'une société opère des changements. Tout d'abord, une famille connaît le bonheur, puis dix, cent, mille familles, ensuite une communauté entière vit dans le bien-être, jusqu'à ce qu'il s'étende aux sept milliards d'êtres humains.

S'il est imprégné d'affection, tout acte physique, verbal ou mental, devient constructif. Un esprit empreint de compassion ouvre la voie à une puissante détermination et à la forme la plus saine de pouvoir, le pouvoir positif par excellence. À l'inverse, la colère ne débouche que sur un pouvoir destructeur. Tout le monde souhaite la paix dans le monde, mais celle-ci n'advient que par la paix intérieure ; en aucun cas elle ne peut provenir de la colère ou d'un esprit de compétition. Si un individu estime à tout prix qu'il doit être vainqueur, comment la paix pourrait-elle prévaloir ? Nous utilisons le terme « contradiction » pour désigner quelque chose de négatif, mais nous ne cessons de créer des contradictions à l'intérieur de nous-mêmes. Si l'on veut établir la paix, il nous faut commencer par l'instaurer à l'intérieur de nous-mêmes, c'est-à-dire en entraînant notre esprit.

Je pense que vos exposés sont passionnants. Toutefois, la vision d'ensemble est plus complexe. C'est comme si nous ne voyions que la partie émergée de l'iceberg ; ce n'en est pas moins un très bon début. En poussant plus loin vos investigations, vos discussions et votre entraînement, je pense qu'au fil des années vos recherches vous permettront d'ouvrir de nouveaux horizons et que vous serez en mesure d'offrir aux gens des moyens et des méthodes appropriés afin que leur esprit accède au calme et qu'ils n'aient plus besoin de tranquillisants ni de drogues.

Roshi Halifax : J'aimerais que nous réfléchissions à notre avenir et à ce que Sa Sainteté a partagé avec nous en parlant de la responsabilité personnelle et de l'esprit humain. Johan Rockström nous a fait part des graves problèmes auxquels nous faisons face sur notre planète, et du fait que nous sommes plus proches du point critique que nous ne l'avions présumé. Je souhaiterais maintenant que chacun d'entre vous expose ce que pourrait être notre contribution personnelle si nous voulons instaurer un avenir qui soit plus vivable et plus compassionnel.

Alexandra Freund : Une partie du problème vient du fait que nous nous considérons comme impuissants face à l'ampleur des défis de notre planète. D'une certaine façon, nous avons l'impression qu'ils nous dépassent et que nous n'avons pas le pouvoir de les changer. Les recherches menées sur le sentiment d'impuissance montrent qu'il induit à l'inaction et donne l'impression que tout effort est vain. Les gens se disent : « Que je fasse ou non trois fois le tour du monde en avion n'a aucune importance ; mes actes ne comptent pas. Ce sont les grandes compagnies qui détériorent la Terre. » Certains psychologues affirment que le sentiment permanent de ne pas avoir de pouvoir, ou de ne pas avoir voix au chapitre, peut mener à des actions radicales totalement destructrices pour soi-même et pour les autres, comme le terrorisme, et cela à seule fin de se faire entendre.

Donc, que pouvons-nous faire ? Je pense qu'il faut garder à l'esprit les propos de Johan Rockström au sujet de la couche d'ozone. En bannissant certaines substances présentes dans les réfrigérateurs et les vaporisateurs, on a réussi à la reconstituer en un laps de temps relativement court. Cette victoire devrait nous encourager à agir et à reconnaître qu'en termes d'environnement les actes de chacun ont un impact. Nous pouvons également améliorer l'état du monde en nous montrant plus respectueux et plus soucieux du bien-être d'autrui. Je sais que cela peut paraître naïf, mais je ne vois pas d'autre façon d'amorcer un changement.

RICHARD SCHWARTZ : J'ai été très frappé par la remarque de Tania au sujet des participants qui se trouvaient dans l'incapacité d'effectuer la pratique de la compassion. Je serais curieux de savoir combien de personnes dans ce groupe ont vécu un épisode traumatique. Je pense que des individus qui ont été gravement maltraités à de multiples reprises portent en eux-mêmes certains aspects qui sont gelés, solidifiés, dans ces scènes traumatiques, ce qui, à leurs yeux, rend extrêmement dangereux tout processus d'ouverture du cœur. Ces personnes ont intériorisé au fond d'elles-mêmes des formes de pouvoir qui leur interdisent toute ouverture à l'autre. Je crains que ceux qui enseignent la méditation n'aient pas pris suffisamment ce problème en compte lorsqu'ils tentent de développer la compassion. Mon approche consiste davantage à libérer les obstacles intérieurs. Si une personne ne parvient pas à ouvrir son cœur, c'est parce qu'il y a des parties d'elle-même qui s'y refusent, et il faut leur donner la parole avant de renforcer le « muscle » de la compassion, sinon ces aspects enfouis au fond du psychisme risquent de ressurgir brutalement.

Markus Heinrichs : Dans mon domaine de recherche, nous devons et nous espérons développer de nouveaux traitements pour soigner des patients souffrant de graves déficits sociaux. C'est notre but et, afin de le réaliser, il nous faut comprendre les concepts de pouvoir et d'altruisme au niveau biologique, ainsi qu'aux autres niveaux dont nous venons de discuter ici. Maintenant, j'ai hâte de reprendre mon travail pour approfondir notre compréhension du comportement social chez les humains, apportant ainsi davantage de connaissances et d'informations dans notre monde si complexe.

Tania Singer : Je crois au pouvoir de transformation et de changement de la personne. J'aime beaucoup le travail que je fais en tant que scientifique, parce qu'en développant et en analysant ces programmes d'entraînement de l'esprit contemplatifs et séculiers, et en faisant appel à des pratiques mentales relativement simples, je vois à quel point les gens peuvent changer sans prendre de médicaments ni dépenser beaucoup d'argent. Je suis bien consciente du fait que ces transformations s'effectuent pas à pas. Toutefois, le pouvoir de changement qui se trouve en chacun de nous est immense.

Au niveau macroscopique, nous avons pris connaissance des limites de la planète. Il existe également des limites non linéaires au niveau microscopique. Si l'on développe certaines qualités en chacun de nous, l'ensemble de notre système peut basculer de façon non linéaire non pas vers une fin catastrophique, mais vers une vraie transformation. Je ne sous-estimerai jamais le pouvoir de transformation intérieure, y compris celle qui s'effectue au niveau microscopique. Je pense que ces deux niveaux se réfléchissent l'un l'autre.

Il est bien évident que nous avons besoin d'un changement institutionnel et légal : mais qui crée nos lois et qui conçoit nos institutions ? Les êtres humains. S'ils ne comprennent pas de l'intérieur la nécessité d'un changement profond, alors aucune force extérieure ne sera capable de modifier quoi que ce soit. C'est par nous-mêmes qu'il faut commencer. C'est la seule tâche responsable que nous puissions entreprendre, car je ne peux pas vous changer. Je ne peux pas changer facilement un gouvernement. Par contre, je peux prendre l'entière responsabilité de mes actes et de moi-même.

Tous les matins, je peux définir mon intention de me changer moi-même et d'être plus consciente.

Roshi Halifax : Je remercie Sa Sainteté le Dalaï-Lama, Richard, Alexandra, Markus et Tania. J'ai le sentiment que nous sommes en train d'ouvrir des voies de recherches importantes si l'on veut poser des actes moraux dans ce monde en danger.

Le Dalaï-Lama : Merci.

TROISIÈME PARTIE

Les points de vue des traditions spirituelles et religieuses

Sa Sainteté le Dalaï-Lama ouvre cette troisième partie en exposant le rôle de la religion dans le monde d'aujourd'hui : promouvoir la paix et la compassion. Pauline Tiangora, l'une des aînées de l'ethnie des Maoris, est la voix des peuples autochtones qui appellent à protéger la Terre Mère. Le moine bouddhiste Matthieu Ricard se fait le porte-parole des souffrances de notre planète, détresse que ressentent plus particulièrement ceux qui n'ont que fort peu de pouvoir. Il expose également ce que signifie le choix de mener une vie fondée sur le principe de la compassion à l'égard de toutes les espèces. Rabbi Awraham Soetendorp, défenseur des droits de l'homme et de l'environnement, prône la valeur du dialogue interreligieux. Frère Thierry-Marie Courau réfléchit sur la capacité d'écouter et d'aimer sans attendre une quelconque réciprocité. Enfin, Alaa Murabit nous fait part de sa conception de la foi et de la nécessité de faire entendre davantage de voix – celles des femmes, des minorités, des peuples autochtones et de la jeunesse – afin de parvenir à des interprétations plus représentatives de la foi, si l'on veut construire un avenir où prédomine l'altruisme.

Modératrice de la troisième partie : Roshi Joan Halifax, docteur en anthropologie, enseignante bouddhiste et abbesse de l'Upaya Zen Center de Santa Fe, au Nouveau-Mexique, États-Unis.

Ouverture de la troisième partie

Sa Sainteté le Dalaï-Lama

Toutes les traditions religieuses portent la même valeur : l'amour

En tant que moine bouddhiste, l'un de mes engagements est de tenter d'établir une authentique harmonie entre les différentes traditions religieuses. Du zoroastrisme au judaïsme, en passant par le christianisme, le bouddhisme et l'islam, toutes les religions majeures sont porteuses d'un même message : l'amour. Mettre en pratique l'amour exige des valeurs de tolérance, de pardon et de discipline. Les grandes confessions du monde partagent et mettent en pratique ces valeurs qui constituent une base d'harmonie commune.

Ces religions ont élaboré diverses conceptions et perspectives philosophiques. Les religions théistes, telles que le judaïsme, le christianisme et l'islam, ont développé la notion d'un Créateur, alors qu'en lieu et place d'une entité créatrice les confessions non théistes, comme le jaïnisme et le bouddhisme, ont développé l'idée que nous forgeons nous-mêmes notre propre devenir.

Selon les religions théistes, la notion d'un Créateur est très belle : nous sommes tous des créatures de Dieu qui lui-même est amour infini. Cette conception donne au croyant un sentiment de grande proximité avec Dieu. Toutefois, une difficulté survient lorsque le fidèle le conçoit comme un dieu courroucé qui incarne le père de tous les peuples. Par contre, si le fidèle l'appréhende en tant que source d'amour infini, il développe nécessairement la conviction suivante : « Je suis le fils de Dieu, j'ai ce potentiel parce que je partage ses gènes d'amour. Je suis une part de lui-même. » Cette conviction s'avère très puissante.

Parmi les religions non théistes, le jaïnisme met tout particulièrement l'accent sur la non-violence et le respect de toute forme de vie. Un pratiquant jaïn observe un régime strictement végétarien. Le bouddhisme est proche du jaïnisme dans la mesure où il insiste sur la notion de non-violence. Il a élaboré l'idée que nous sommes les artisans de notre devenir, ce qui signifie que nos aspirations et nos expériences dépendent totalement de nous-mêmes. Un comportement juste est bénéfique pour autrui et pour soi-même. Si nous ne pratiquons pas la compassion, nous en subirons les conséquences négatives. Ainsi, tout dépend de nous, et de personne d'autre.

Outre les notions de Créateur et l'idée que nous sommes pleinement responsables de notre devenir, force est de constater qu'il existe bien d'autres différences dans les religions du monde. Je crois que la diversité de ces conceptions, vues et traditions, est indispensable si l'on veut mettre en pratique l'amour et le pardon.

La diversité philosophique magnifie la pratique de l'amour

Si un restaurant sert toujours les mêmes plats, du petit déjeuner au dîner, il est évident que les clients auront tendance à éviter cet établissement. Au contraire, s'il propose un menu varié, il attirera davantage de gourmets. De même, différents concepts et points de vue philosophiques sont nécessaires si l'on veut encourager et développer la notion d'amour. C'est la raison pour laquelle le Bouddha lui-même a enseigné différentes conceptions philosophiques.

Le bouddhisme comprend quatre écoles de pensée majeures : *Vaibhashika*, *Sautrantika*, *Cittamatra* et *Madhyamaka*. L'école des Vaibhashika comporte dix-huit courants subsidiaires, chacun ayant un corpus scripturaire particulier traitant du *Vinaya*, les préceptes de conduite des moines et des laïcs. La tradition monastique tibétaine est fondée sur les textes des *Mula-Sarvastivada**, tandis que la Thaïlande, la Birmanie et le Sri Lanka suivent la tradition *Theravada***. En Chine, les communautés monastiques suivent les règles édictées

---

* Courant tardif (IIe siècle de notre ère) de l'école *Sarvastivada*, dont le corpus fut rédigé en sanskrit et traduit en tibétain au IXe siècle ; il constitue le texte de référence des règles de conduite monastique (*Vinaya*) des écoles tibétaines et mongoles. *(N.d.T.)*

** *Theravada*, terme pali qui signifie littéralement « Doctrine des Anciens », désigne la première école du bouddhisme qui s'appuie strictement sur les paroles du Bouddha Shakyamouni telles qu'elles ont été compilées dans les *Trois Corbeilles* (*Tripitaka*). *(N.d.T.)*

par les *Dharmagupta**, école qui est également divisée en traditions secondaires. Ainsi, au sein du bouddhisme même, il existe une grande diversité de traditions.

Les aspects culturels de la religion

Les aspects culturels contribuent à forger les différences qui existent entre les religions. Un ami indien m'a expliqué qu'au moment de l'essor du jaïnisme on pratiquait les sacrifices d'animaux à grande échelle ; c'est pourquoi les maîtres jaïns ont insisté sur l'adoption d'un végétarisme strict. Quelque trente années plus tard**, le Bouddha, à son tour, a mis l'accent sur ce point spécifique.

Quant à l'islam, il me semble que les premières peuplades musulmanes menaient une vie plus ou moins nomade. Il n'existait pas de règles définies. C'est pourquoi le Coran a particulièrement insisté sur un ensemble de préceptes qui ont contribué à moraliser et à discipliner ces peuples nomades.

---

* L'école des *Dharmagupta* est l'une des dix-huit écoles du bouddhisme ancien. Le corpus de règles monastiques et laïques qu'il a édicté (très proche du *Vinaya* originel du Bouddha) est surtout pratiqué en Chine continentale, à Taïwan, en Corée, au Japon et au Viêtnam. *(N.d.T.)*

** Le jaïnisme et le bouddhisme furent à peu près contemporains ; tous deux se sont développés aux VIe-Ve siècles avant J.-C., dans l'Inde du Nord. Cependant, selon la conception jaïne, le jaïnisme serait né au Xe siècle avant J.-C. et aurait connu 24 grands « Vainqueurs » (*Jina*) dont Mahavira (VIe-Ve siècle), contemporain du Bouddha, fut le dernier. Il « redéploya » la philosophie jaïne et édicta ses règles pour les communautés monastiques et laïques. *(N.d.T.)*

Dans mon pays, le Tibet, les dalaï-lamas faisaient autrefois partie d'un système social de type féodal. Selon cette tradition qui a perduré pendant des siècles, les dalaï-lamas étaient systématiquement détenteurs du pouvoir spirituel et temporel. En 2011, j'ai volontairement renoncé à cette double responsabilité et, ce faisant, j'ai mis fin à une tradition qui avait perduré pendant quatre siècles. J'étais très heureux de prendre cette décision parce que cette tradition était liée à un système de fonctionnement dépassé. Tous les Tibétains en exil peuvent maintenant jouir du système démocratique. Toutefois, la démocratie risque parfois de devenir trop dépendante des politiciens ; c'est également un système qui risque de se complexifier à l'extrême. Néanmoins, j'estime que c'est la meilleure forme de gouvernement.

En Inde, l'élite a élaboré le système des castes. Ce concept préjudiciable affirme qu'en raison de son propre karma – qui est lui-même l'œuvre d'un créateur – un individu peut être privé de ses droits. De même, les gens de l'élite, avant la Révolution russe et avant la Révolution française, ont utilisé la religion pour garder leur pouvoir. Et pourtant, qu'est-ce que la religion ? L'amour. Personne n'est contre l'amour. Toutefois, afin qu'il soit possible de créer une authentique harmonie confessionnelle, en certaines circonstances, le fonctionnement d'une religion doit être modifié.

Vivre ensemble dans l'harmonie

L'Inde est un excellent exemple de coexistence harmonieuse des religions. Pendant plus de deux mille ans, les grandes traditions religieuses mondiales ont vécu ensemble dans ce pays qui compte aujourd'hui un milliard trois cents millions d'habitants. Si la tolérance religieuse est possible en Inde, pourquoi ne le serait-elle pas dans le reste du monde ?

Depuis les attentats du 11-Septembre, je défends l'islam. L'enseignement religieux de Mahomet et le Coran ont en commun des messages de respect du bien d'autrui et de ses droits. Si un musulman crée un bain de sang, il n'est plus un pratiquant de l'islam. Récemment, lors d'entretiens, j'ai affirmé que l'expression « terroriste musulman », ou même « terroriste bouddhiste », constitue une erreur, parce que, dès lors qu'un individu s'implique dans le terrorisme, il n'est plus considéré comme étant un pratiquant musulman ou bouddhiste. Ce point doit être bien clair. Un terroriste est un terroriste. Le mot *jihad* ne signifie pas « combattre autrui au nom de l'islam », mais lutter contre ses propres émotions destructrices. Telle est, m'a-t-on dit, le véritable sens de ce terme. Je l'ai appris de mes amis musulmans indiens et, plus tard, un professeur d'études islamiques américain me l'a confirmé.

Si nous faisons le premier pas pour nous rapprocher des autres, avec conviction et en déployant un réel effort, il nous est possible d'établir un lien plus personnel avec eux. C'est ainsi que nous pouvons toucher davantage de fondamentalistes musulmans, et même des extrémistes bouddhistes. Nous sommes tous des êtres humains. Nous sommes tous mortels. Parfois, les circonstances créent des situations qui exigent de modifier les traditions religieuses. La meilleure façon d'effectuer ces changements est d'entamer le dialogue, de considérer autrui comme autant de frères et sœurs, avec lesquels discuter. C'est par l'amitié que s'opère le changement et non par la force. Tel est mon principal engagement jusqu'à la mort. Que je réussisse ou non dépendra de mes interlocuteurs.

Inspirons-nous des diverses traditions religieuses qui se sont élaborées au cours des deux derniers millénaires. Les musulmans représentent environ un milliard de personnes. Les chrétiens comptent également un milliard de fidèles. Il y a 250 millions de bouddhistes en Chine et plusieurs autres millions dans le reste du monde. Les pratiquants hindous avoisinent le milliard. Ces traditions religieuses majeures demeureront. Aucune d'elles ne peut éliminer les autres. Mieux vaut donc vivre dans l'harmonie et l'amitié, développer le respect mutuel et la connaissance des traditions des autres confessions, ce qui exige du bon sens et une perspective plus ouverte. C'est à ces conditions que l'harmonie religieuse est possible.

Chapitre 8

L'appel des peuples autochtones de la Terre

Pauline Tangiora

Pauline Tangiora, décorée de la Queen's Service Medal (QSM) et du Queen's Service Order (QSO), est l'une des anciennes de l'ethnie des Maoris appartenant à la tribu des Rongomaiwahine, établie sur la côte est de l'île d'Aotearoa, située au nord de la Nouvelle-Zélande. Elle est juge de paix, vice-présidente et membre à vie de la Ligue internationale des femmes pour la paix et la liberté. Ancien membre de la Charte de la Terre, elle est ambassadrice au Conseil international de la Terre ; elle fait partie du Conseil international des treize grands-mères autochtones (International Council of Thirteen Indigenous Grandmothers). Elle est, en outre, membre du Conseil pour l'avenir du monde.

Prière d'ouverture : « *Ka tangi te titi, Ka tangi te Kaka, Tihei Mauri Ora.* »

Dans la langue de mon peuple, je commence par honorer la mémoire de tous ceux qui sont partis avant nous. Je salue également Sa Sainteté le Dalaï-Lama et tous les membres de l'assemblée ici présents.

Appel à protéger la Terre Mère et ses peuples

Le pouvoir est donné à chacun de nous afin que nous l'utilisions au service du bien ou du mal. Je regrette de devoir dire, aujourd'hui, que je constate le pouvoir des multinationales qui envahissent l'Inde. Selon les propos de Vandana Shiva*, elles veulent éliminer la vie naturelle des graines qui poussent dans le sol, au sein de la Terre Mère, de sorte que les habitants de ce pays ne puissent plus les faire pousser naturellement. Monsanto est arrivé en Inde pour implanter des céréales génétiquement modifiées, ce qui est en contradiction avec ce que le Créateur nous a demandé de faire.

Je pense aux femmes, aux enfants et aux hommes des hautes montagnes de Colombie, ces peuples autochtones menacés par la construction d'un barrage. On les prive de leurs sites sacrés et de leurs terres pour édifier

---

* Vandana Shiva est une écologiste, écrivaine et militante féministe indienne de renom international. À la tête de la Fondation de la recherche pour la science, les technologies et les ressources naturelles, elle mène un combat contre l'implantation des OGM en Inde et dans le monde. En 1993, elle a reçu le prix Nobel alternatif. *(N.d.T.)*

ces gigantesques retenues d'eau. Si l'on considère les pays d'Amérique latine, la souffrance est également présente dans le nord du Brésil où la construction de barrages se poursuit. Les femmes, les enfants et les hommes de ces régions manifestent pour tenter d'arrêter ces projets, parce que détourner le cours naturel de l'eau des fleuves revient à prendre leur cœur et leurs terres.

Nous pensons aussi aux peuples qui vivent dans les régions montagneuses de la Birmanie, où les combats menés par les guérillas mettent en danger la vie des femmes et de leurs enfants. Enfin, les aborigènes d'Australie, qui habitent ce pays depuis six millions d'années, risquent d'être chassés par les multinationales qui ont creusé des mines sur leurs terres.

Appel à protéger les voies des peuples autochtones

L'ensemble de ces événements réunit tous les fardeaux que portent les peuples autochtones, mais le pouvoir des croyances, de la foi dans le Créateur, est très important pour eux, parce que l'esprit de la terre est en eux, et ils sont la terre. L'esprit des fleuves et des cours d'eau fait partie d'eux-mêmes, et ils sont l'eau. L'eau nous donne la vie. Lorsque l'enfant est dans le ventre de sa mère, l'eau le protège ; et quand l'enfant vient au monde, elle régénère la terre[*]. Aussi, lorsque nous évoquons les peuples autochtones, nous pensons

---

* Allusion à la tradition maorie qui consistait à enterrer le placenta et le liquide placentaire d'un bébé qui venait de naître, ce qui

immédiatement à la responsabilité qu'ils ont envers l'environnement et à la façon dont ils en prennent soin.

Si nous ne nous préoccupons pas de l'environnement, alors nous ne sommes plus des peuples de la terre, nous nous éloignons de l'esprit du Créateur, parce que, dans la création, l'esprit qui nous est à tous imparti est essentiel si l'on veut tenir bon. Dans notre ethnie, nous l'appelons *mauri* : c'est lui qui nous façonne et fait de nous ce que nous sommes ; il doit toujours demeurer en chacun de nous.

Malheureusement, les langues des différentes ethnies autochtones sont en train de disparaître. Dans les langues des peuples traditionnels du monde entier, chaque ethnie a développé ses propres contes, ses prières, ses chants, autant de traditions qui les rendent uniques et les distinguent d'un autre groupe. Nous ne pouvons donc permettre qu'elles continuent de s'éteindre.

Quant au pouvoir de l'altruisme, nous pouvons dire que la vie des peuples autochtones – du début jusqu'à la fin – est entièrement consacrée au bien-être de l'autre et de la communauté. Les décisions sont prises au sein du groupe, et non pas isolément. Une communauté est un ensemble d'êtres humains qui s'entraident et se soutiennent les uns les autres. Dans les villages, les enfants vont d'une famille à l'autre en toute sécurité. Toutefois, à l'heure actuelle, ce mode de relation est menacé par les influences extérieures. Il est triste de voir que cette mainmise prend le pas sur nos traditions. À cause des pressions exercées par le

---

régénérait le sol. Ce geste symbolise également le fait que l'enfant prend désormais sa place dans la communauté. *(N.d.T.)*

monde extérieur, il est très difficile pour ces peuples de continuer à emprunter la voie dans laquelle ils sont nés. Nous espérons que les hommes et les femmes qui n'appartiennent pas aux ethnies traditionnelles comprendront que celles-ci, à notre époque, doivent emprunter deux chemins différents, dans un climat exempt de colère et de désaccord. Il faut comprendre la voie des Européens et celle des ethnies premières, la voie qu'elles connaissent et qui est spécifiquement la leur, de par la Création même.

Au cours de mes voyages, j'ai eu le privilège de rencontrer des femmes, des hommes et des enfants du Sahara que la cupidité avait dépouillés de leur terre ancestrale et qui sont désormais contraints de vivre dans le désert. Rappelons-nous la souffrance des peuples du sud-ouest saharien, ainsi que celle d'autres populations des pays d'Afrique que l'avidité pour le pétrole fait terriblement souffrir. Nous pensons à l'ethnie des Lakota, aux États-Unis, dépouillée de ses terres par une grande compagnie multinationale. Il nous faut prendre en compte tous ces problèmes et offrir nos prières afin qu'ils soient résolus à un moment donné. Nous pensons enfin aux enfants tibétains qui ont traversé ces hautes montagnes et qui ont perdu leur pays. Que faisons-nous pour toutes ces personnes ? Nous sommes une communauté mondiale. Il nous faut penser à toutes celles et tous ceux qui ne disposent pas du pouvoir nécessaire pour rester sur leur terre et être ce qu'ils sont, tels que le Créateur les a créés.

Aujourd'hui, c'est sans colère ni ressentiment que ma voix s'élève au nom de ces sociétés traditionnelles, parce que nous aimons tous les peuples. Nous avons été créés pour être les gardiens de l'univers et, si nous ne sommes pas capables de mettre ce rôle en pratique à l'intérieur de nous-mêmes, le monde sera détruit, les oiseaux cesseront de chanter, les abeilles disparaîtront parce que les fleurs et les buissons ne s'épanouiront plus. Tous ces processus sont très importants face aux difficultés que rencontre le monde d'aujourd'hui.

Appel à protéger notre rapport à la Création

N'oublions pas que notre monde contemporain est un monde technologique. Je ne suis pas spécialiste en informatique, mais je vois des gens qui passent leur temps assis en face de leurs ordinateurs et d'autres objets de haute technologie.

Mon petit-fils de 3 ans est venu me rendre visite il y a quelques années pour Noël. Vivant dans une ville, il n'était jamais monté sur un arbre. Je lui ai dit : « Celui-là, c'est ton arbre. Grimpe. » Il m'a répondu : « Comment on fait ? » Je lui ai expliqué : « Mets un pied au-dessus de l'autre. » Il est revenu l'an dernier à Noël. Il m'a dit : « Grand-mère, il faut que je grimpe à mon arbre jusqu'à la plus haute branche pour atteindre le ciel. » C'était très beau de l'entendre dire une chose pareille.

La nuit, quand mon petit-fils Te Tairawhiti dort avec moi, je le réveille pour lui dire : « *Harae mai moko*. Viens mon enfant et regarde le ciel. » Et nous regardons les milliards d'étoiles par la fenêtre. « Quelles sont ces étoiles, Grand-mère ? me demande-t-il. – Ce sont les étoiles de nos ancêtres », lui dis-je.

C'est ce que nous devrions faire plus souvent avec nos enfants : leur raconter les histoires de nos ancêtres, parce que, si nous ne le faisons pas, où en serons-nous dans cent ans ? Nous continuerons à tapoter sur nos ordinateurs ? Ces objets ne racontent pas d'histoires. Ce qui compte, c'est ce que nous voyons de nos propres yeux et ce que ressent notre cœur.

Parents et grands-parents qui êtes ici, réveillez vos enfants au milieu de la nuit, laissez-les sortir et prendre part à l'œuvre du Créateur, sinon ils ignoreront ce que représente le sentiment de faire partie de la terre, de faire partie de l'univers.

Chapitre 9

Une vie fondée sur le principe de la compassion

Matthieu Ricard

Matthieu Ricard est moine bouddhiste et vit au monastère de Shechen, au Népal. Il est titulaire d'un doctorat en biologie moléculaire, obtenu à l'institut Pasteur, sous l'égide de François Jacob, lauréat du prix Nobel de médecine. Il vit dans l'Himalaya depuis 1972, où il a étudié le bouddhisme auprès d'éminents maîtres tibétains. Depuis 1989, il est l'interprète officiel de Sa Sainteté le Dalaï-Lama. Auteur de nombreux ouvrages et livres de photographies, il a également traduit nombre de textes du tibétain en anglais et en français. Tous les bénéfices de ses ouvrages et activités servent à soutenir les 200 projets de son association humanitaire, appelée Karuna-Shechen, qui œuvre au Tibet, au Népal et en Inde.

Si nous devions résumer l'essence même du bouddhisme, nous dirions qu'il est « l'union de la sagesse et de la compassion ». La sagesse consiste à comprendre la nature de la réalité. La compassion est le souhait de libérer de la souffrance tous les êtres sensibles qui, du fait de l'ignorance, se trouvent dans l'incapacité de reconnaître le mode d'être réel des choses, ce qui engendre une souffrance sans fin. Ils vivent dans la détresse parce que la confusion mentale et l'ignorance provoquent la haine, l'attachement, le manque de discernement, l'arrogance et la jalousie, autant d'émotions négatives qui les incitent à agir de façon préjudiciable pour eux-mêmes et autrui. Lorsque la sagesse et la compassion sont fermement ancrées dans notre esprit, nous pouvons alors envisager de faire une place au pouvoir et l'utiliser, parce qu'il servira une motivation et un but justes : apporter le plus grand bien-être à tous les êtres sensibles et les libérer de la souffrance et de ses causes. Dans le cadre de la sagesse et de la compassion, le pouvoir prend alors tout son sens.

Le but de l'Éveil

Le bouddhisme possède un concept majeur que l'on appelle la *bodhicitta* : le souhait altruiste d'atteindre l'Éveil afin d'être en mesure de libérer les êtres de la souffrance. Ce cheminement commence par le fait de reconnaître qu'à présent nous sommes incapables de faire face à notre confusion mentale et à notre détresse. Nous voulons le bonheur mais nous faisons tout le contraire de ce qui pourrait nous l'apporter. Dans cette situation, comment pourrions-nous aider les autres ? Nous ressemblons à un mendiant qui voudrait offrir un banquet à cent autres mendiants, sans avoir la moindre ressource pour le faire.

Selon le Grand Véhicule, le but de l'Éveil est de devenir soi-même un bouddha afin d'accomplir des activités éveillées pour le bien de tous les êtres sensibles. Selon cette perspective, il est totalement inconcevable d'utiliser son pouvoir dans l'intention de nuire, de se venger, de maltraiter autrui, autant que de l'exercer par pure arrogance, jalousie, désir ou cupidité. Tous les états mentaux et les comportements déclenchés par ces motivations négatives n'apporteront que souffrance.

L'utilisation abusive du pouvoir

Le pouvoir en lui-même est un outil. À l'instar d'un marteau, il peut servir à construire une maison ou à la détruire. Du point de vue éthique, le pouvoir est neutre. Il n'est pas porteur de valeurs en lui-même. En revanche, l'altruisme, la préoccupation d'autrui et la compassion ne sont pas des valeurs morales neutres. Il est clair que, par leur nature même, elles sont destinées à apporter le bien-être et à soulager la souffrance.

Malheureusement, le pouvoir a mauvaise réputation. Cela s'explique par le fait qu'il est très rare que des personnes consacrent suffisamment de temps à développer la sagesse et la compassion afin d'utiliser l'autorité de manière judicieuse, c'est-à-dire avant d'avoir porté à maturité ces deux valeurs fondamentales. Comme nous l'avons vu précédemment, le pouvoir n'est pas seulement la force brute. L'intelligence nous confère un pouvoir considérable. Sa Sainteté le Dalaï-Lama a souvent dit que les gens qui étaient derrière les attentats du 11-Septembre étaient très intelligents, mais qu'ils s'étaient servis de leurs compétences pour accomplir un objectif d'une effroyable atrocité. À l'aide de quelques armes et d'un certain savoir-faire, ils ont mis leur intelligence au service d'une destruction massive.

Nous, êtres humains, sommes dotés de facultés exceptionnelles. Les animaux peuvent faire le bien et le mal jusqu'à un certain point seulement, alors que nous sommes les seuls à faire un bien immense ou un mal incalculable. Il est donc essentiel que nous n'utilisions pas le privilège de notre intelligence unique pour dominer, maltraiter ou opprimer autrui. Les groupes humains qui sont dans une position de moindre pouvoir – les minorités ethniques, les peuples autochtones, etc. – ne doivent pas être exploités par ceux qui jouissent d'une plus grande autorité. Ce principe s'applique également aux huit millions d'espèces animales qui vivent sur notre planète. Le fait que nous soyons plus intelligents qu'eux ne nous donne pas le droit d'en faire les instruments de nos intérêts égocentriques. Aujourd'hui, cet abus de pouvoir patent tue tous les ans 60 milliards d'animaux terrestres, soit six millions toutes les heures, et 1 000 milliards d'animaux marins, soit 120 millions par heure. Nous tuons beaucoup plus d'animaux en une semaine que le nombre total de morts recensés au cours de toutes les guerres de l'histoire de l'humanité. Cette domination est le fait d'un usage aveugle du pouvoir, un usage où l'altruisme et la compassion n'ont aucune place.

L'usage bienveillant du pouvoir

Le Mahatma Gandhi est l'exemple même d'une personne qui a su allier le pouvoir à la compassion, en ayant recours à des méthodes non violentes. Ne pensons pas que la compassion soit synonyme de faiblesse, de mièvrerie, ou le fait d'individus gentillets qui n'accomplissent jamais rien, et que la meilleure solution pour résoudre un problème consiste à utiliser la force. C'est une erreur. Le mouvement que lança Gandhi, appelé *satya-graha*, ce qui signifie littéralement « le pouvoir de la vérité », était au service de la justice, de la liberté et de l'égalité. Un tel pouvoir, dénué de toute violence, s'avère extrêmement efficace et puissant. Certains considèrent la non-violence comme une faiblesse, alors qu'il n'en est rien. En réalité, il faut beaucoup plus de courage pour affronter, debout et à mains nues, un groupe de soldats armés qui frappent des manifestants (ainsi que le fit Gandhi lors de la Marche du sel) que de monter sur un toit pour tirer sur des gens, comme le font les snipers. Lorsque Sa Sainteté parle de non-violence envers les êtres humains, les animaux et l'environnement, cela signifie qu'il faut utiliser tout le pouvoir dont nous disposons pour le mettre au service du bien.

Je voudrais donner un exemple qui vient du Tibet. Sa Sainteté a systématiquement déclaré que les Tibétains ne doivent pas avoir recours à la violence. Pourtant, certains d'entre eux ont rétorqué : « Pourquoi pas ? » Mais jeter quelques bombes, faire exploser des avions est-ce vraiment là la solution ? En quoi cela aidera-t-il à maintenir l'harmonie future entre le Tibet et la Chine, qui seront des pays voisins jusqu'à la fin des temps ? Il ne fait aucun doute que la non-violence constitue la meilleure réponse.

Je me souviens qu'un jour, à Dharamsala, en Inde, au cours d'une rencontre Mind and Life, une personne a posé la question suivante au Dalaï-Lama : « Si quelqu'un armé d'un fusil faisait irruption dans la pièce et commençait à tirer sur tout le monde, que feriez-vous ? » Sa Sainteté a répondu : « Eh bien, peut-être que je lui tirerais une balle dans les jambes et qu'ensuite j'irais vers lui pour lui caresser la tête. » Bien sûr, la situation n'est pas toujours aussi simple que cela, mais lorsqu'on nous demande : « Si votre pays est envahi, s'il y a un génocide, vous ne feriez donc rien ? » La réponse est : « Bien sûr que si : il est évident que nous devons tout mettre en œuvre pour prévenir un génocide. » Mais pourquoi attendre qu'un génocide éclate pour intervenir ? Faut-il attendre que la forêt soit en feu pour agir ? Comment se fait-il que nous ne nous préoccupions pas de l'étincelle de façon non violente, par le dialogue, l'éducation et d'autres formes d'aide ? Nous possédons toutes les informations nécessaires pour détecter les prémices d'un génocide avant qu'il se produise, et pourtant nous ne faisons rien pour l'empêcher. Lorsque le conflit s'est déclaré, nous envoyons des avions de combat qui lâchent des bombes ; tout cela parce que nous ne nous sommes pas préoccupés des signes avant-coureurs, qui étaient décelables des années auparavant.

Je me souviens d'un Forum économique de Davos auquel je participais avec mon très cher ami Rabbi Awraham Soetendorp. Lors d'une rencontre des leaders religieux, l'archevêque Desmond Tutu a déclaré : « Aucune religion ne doit jamais tolérer les massacres. » J'ai dit : « Absolument ! Faisons une déclaration commune. » Tout le monde s'est regardé et a fait le commentaire suivant : « Eh bien, vous savez, il y a des différences culturelles. » Et ainsi de suite. La discussion était terminée.

Le pouvoir ne devrait jamais être utilisé pour ôter la vie

Selon le bouddhisme, rien ne justifie de tuer. Supprimer la vie est l'usage ultime du pouvoir. Du point de vue bouddhiste, le recours à la violence n'a aucune raison d'être, pas plus que le fait de participer à une guerre ; il n'y a pas de différence entre tuer un adversaire à la guerre et assassiner quelqu'un. En fait, un soldat est pleinement responsable de ceux qu'il a tués, de même qu'un général l'est de tous les massacres perpétrés sur ses ordres.

Je n'ai pas connaissance d'une guerre menée au nom du bouddhisme, bien que l'histoire mentionne de nombreux exemples de peuples bouddhistes qui ont fait preuve d'une extrême barbarie et ont perpétré des violences inimaginables. Au XIXe siècle, il y a eu la collusion entre le militarisme japonais et le bouddhisme zen, les pilotes kamikazes zen de la Seconde Guerre mondiale ; de même les Khmers rouges entretenaient des liens avec l'institution bouddhiste. Au Sri Lanka, le clergé bouddhiste a fait cause commune avec le gouvernement pour opprimer les Tamouls. Nous connaissons tous la récente campagne meurtrière contre les

Rohingyas musulmans dans l'État de Rakhine au Myanmar (Birmanie), près de la frontière avec le Bangladesh. Le magazine américain *Time* a publié en couverture l'histoire des « moines assassins », un groupe de fanatiques du Myanmar qui a mené cette campagne d'extermination contre les Rohingyas. Selon le bouddhisme, ces massacres ne se justifient en aucun cas. Il n'y a aucune différence entre le fait de tuer quelqu'un en temps de paix ou de guerre.

Je voudrais simplement rappeler que, selon la perspective bouddhiste, quiconque tue ou incite à tuer et, par conséquent, s'en réjouit, brise immédiatement ses vœux monastiques et n'est plus moine. Un moine assassin n'existe pas : il n'y a que d'« ex-moines assassins ».

Si nous sommes animés d'une authentique compassion, guidés par la sagesse et inspirés par une pure bienveillance, alors le pouvoir est positif, quel que soit son niveau, parce qu'il nous incitera à éliminer la souffrance et à établir les êtres dans le bonheur.

Chapitre 10

Nous sommes tous porteurs de rayons de lumière

Rabbi Awraham Soetendorp

Rabbi Awraham Soetendorp, né à Amsterdam en 1943, est avocat des droits de l'homme, plusieurs fois récompensé, professeur d'université, écrivain, militant de la cause environnementale et défenseur de la société civile dans le monde. Il a été ordonné rabbin en 1967, à Londres, et a joué un rôle actif dans la renaissance des communautés juives de Hollande où il a fondé l'institut Jacob Soetendorp pour la défense des valeurs humaines qu'il préside. Membre fondateur de la Croix verte internationale, il est également fondateur et président de la Day of Respect Foundation (Fondation du jour du respect) ainsi que du Hope for Children Fund (Fonds de l'espoir pour les enfants).

Votre Sainteté, mon frère et ami de longue date, c'est une grande joie de célébrer notre amitié, une amitié qui englobe les traditions spirituelles et qui a commencé quelques jours après le début de la guerre du Kippour en octobre 1973. Ainsi que vous me l'aviez dit, il y a des années : « Nos corps ont sans doute vieilli, mais notre amitié est plus jeune que jamais. » C'est cet état d'esprit qui nous réunit aujourd'hui, en ce lieu. Nous sommes ici parce que nous représentons un secret, une révolution calme, au sein de laquelle des fidèles de différentes traditions spirituelles comprennent que nous avons absolument besoin les uns des autres pour accomplir notre but commun de justice et de paix. J'aimerais prononcer une courte bénédiction extraite des textes sacrés juifs. Lorsque nous sommes réunis lors d'une occasion unique, nous disons : « *Barukh ata adonai elohenu melekh ha olam, shehe-cheyanu, v'kiyimanu, v'higiyanu la 'z 'man ha zeh.* »

« Notre Dieu, bénissez-nous, source de tous les êtres, Vous qui nous avez soutenus, Vous qui nous avez gardés en vie jusqu'à ce moment. Amen. »

Le pouvoir de l'unité

Votre Sainteté, vous avez raison de souligner l'unité et l'harmonie entre les religions : elles m'ont sauvé la vie. Sira, ma femme bien-aimée, et moi sommes des enfants de la guerre. Nous avons été sauvés grâce au courage de personnes appartenant à une autre foi : la foi catholique. En outre, ma mère adoptive était d'origine allemande : cette conscience multiculturelle m'a porté toute ma vie durant.

Aujourd'hui est le jour du sabbat, ce qui nous rappelle la création du paradis et de la terre, mais aussi la communauté de tous les vivants. En ce jour, nous sentons avec davantage d'intensité le don de l'âme que Dieu nous a accordée, don qui nous permet de semer dans le présent les graines d'un avenir plein d'espoir, et donc de voir un monde rempli d'amour et de compassion.

Quelque chose d'extraordinaire s'est produit lorsque Dieu a décidé de créer l'être humain, le sixième jour. Selon les mots de la Bible, l'Éternel a dit : « *N'assay Adam* », « Créons l'être humain ». Il est dit selon l'un des commentaires mystiques :

« Dieu dit aux anges : "Créons les êtres humains", mais les anges objectèrent : "Non, non, pas des êtres humains dotés du libre arbitre. Ils vont tout détruire." Mais Dieu leur répliqua : "Si." Après avoir créé le premier être humain, Il leur dit : "Créons ensemble d'autres êtres humains."

« Ainsi Dieu abandonna-t-Il une part de Son propre pouvoir afin de donner plus d'espace aux êtres humains, de sorte qu'ils collaborent et soient des partenaires au sein de cette création. »

Nous sommes toujours des partenaires au sein de sa Création – ce qui est l'expérience la plus difficile de tous les temps. C'est le sens du mot *betsalmenu* qui signifie « [créé] à notre image ». Cette expression s'entend aussi dans un sens pluriel, parce qu'elle signifie que ce n'est que lorsque nous permettons à chaque être de pénétrer au cœur de la dignité – et non pas de le repousser pour des raisons de race, de couleur de peau, d'orientation sexuelle ou autre – que nous pouvons constituer, tous ensemble, l'intégralité de son image. Dans l'islam, le judaïsme et le christianisme, il est dit :

« Celui qui a sauvé un être humain a sauvé le monde. Celui qui a détruit un être humain a détruit le monde. »

Comment est-il possible que des êtres créés à l'image de Dieu puissent détruire, tuer, et que ceux qui représentent la religion s'engagent dans la violence ? Nous sommes tous porteurs de rayons de lumière ou, comme l'a dit Sa Sainteté, nous possédons le « gène de l'amour de Dieu ». Lorsque nous accomplissons un acte bienveillant, nous retrouvons les rayons de lumière que nous avions perdus. Et ces rayons de lumière retournent immédiatement à leur source originelle. Un jour, lorsque nous nous engagerons tous ensemble dans l'accomplissement des *mitsvot*, les bonnes actions, et que nous aurons recouvré tous nos rayons de lumière, le temps messianique de la paix sera advenu. Ensemble, nous sommes tous responsables de l'élaboration et de la restauration du monde que Dieu a voulu : un monde de paix et de justice, de pouvoir et d'altruisme.

Les deux visages de notre monde

Le monde semble avoir deux visages. L'un d'eux est extraordinaire. Jamais, dans l'histoire de l'humanité, des personnes ne s'étaient réunies pour créer les « objectifs de développement durable », qui se sont donné pour but de mettre fin à la pauvreté extrême d'ici à 2030. Ainsi que mon amie Pauline Tangiora l'a souligné avec justesse, la Terre ne nous appartient pas. La Torah nous dit : « La terre ne doit pas être vendue jusqu'à être perdue à tout jamais, parce que cette terre est mienne. Vous n'êtes que des étrangers, des résidents temporaires, avec moi. »

Je voudrais vous raconter une courte parabole. Deux hommes se trouvent à bord d'un bateau sur l'océan. L'un d'eux commence à faire un trou dans le fond du navire. L'autre lui dit : « Mais qu'est-ce que tu es en train de faire ? Tu vas nous tuer ! » Le premier répond : « Ne t'inquiète pas, je ne creuse ce trou que dans la partie du bateau que j'occupe. »

L'exposé de Johan Rockström nous a donné de l'espoir. Les limites planétaires, à l'intérieur desquelles nous pouvons nous développer, constituent notre navire. Et nous pouvons nous y maintenir. Je me demande si nous ne pourrions pas créer un « Conseil de la conscience » qui réunirait toutes les personnes touchées par les nombreux noms de Dieu, les noms qui évoquent le pouvoir et ceux qui évoquent l'amour. Il s'agirait de personnes qui ont gagné notre confiance par leurs actions et qui aident le Conseil de sécurité des Nations unies à établir la sécurité et la paix aux quatre coins de la terre. Je vous invite à devenir l'un des membres de ce conseil. Pourquoi ? Parce que l'autre visage du monde menace notre avenir : les migrants qui traversent des frontières inhospitalières et errent dans les rues de villes le plus souvent hostiles ; la terreur qui tue, mutile et instille la peur ; les impasses politiques et la corruption qui étouffent la créativité humaine ; l'aspiration sans réponse de l'âme à la solidarité.

Ici, à Bruxelles, la ville blessée, nous percevons l'éveil de la ferme résolution de ne pas abandonner, de ne pas laisser tomber, mais de développer le pouvoir de guérison qui nous donne force et réconfort. Dieu exige de nous que nous soyons fidèles à notre engagement dans la création, c'est-à-dire que nous établissions une société mondiale dans laquelle personne ne soit avili.

Si nous voulons soulager le monde, il nous faut apprendre à utiliser un pouvoir tempéré par l'altruisme et la compassion. Il nous faut être présents aux grandes réunions des puissants, comme le G20, animés de la vision inébranlable de notre responsabilité mutuelle. Tout en reconnaissant que, lorsque les besoins de base sont assurés, l'épanouissement de l'homme consiste principalement à développer son être plutôt que ses biens. Si nous voulons instaurer la cause de l'unité dans la diversité, nous devons faire entendre la voix de l'amitié entre les religions.

Votre Sainteté, mon frère, je me souviens qu'il y a des années vous m'aviez dit, alors que je parlais du combat d'Israël qui était en guerre : « Aime ton voisin comme toi-même, telle est notre base commune. » Quant à moi, je vous dis qu'un jour les juifs, les musulmans, les Israéliens, les Palestiniens, les Chinois et les Tibétains s'aimeront les uns les autres.

Chapitre 11

Écouter et aimer sans attendre de réciprocité

Frère Thierry-Marie Courau, ordre des Prêcheurs

Frère Thierry-Marie Courau, prêtre dominicain français, est professeur de théologie des religions et doyen de la faculté de théologie à l'Institut catholique de Paris. Ancien ingénieur et directeur financier, il est devenu membre de l'ordre des Dominicains en 1990. Il a soutenu une thèse dans le cadre de la théologie catholique sur les trois Bhavanakrama *de Kamalashila à l'université de Strasbourg en 2004.*

Votre Sainteté, en vous écoutant, j'ai pris conscience du fait que nous avons entre les mains tout ce qu'il faut pour promouvoir un monde meilleur. Nous n'avons pas besoin d'idées nouvelles. Tout est déjà là.

Pourquoi ne mettons-nous pas ces idées en œuvre ? Pourquoi n'appliquons-nous pas tout ce que nous savons pour créer un monde meilleur ? Pourquoi semblons-nous plus enclins au pire que tournés vers le meilleur ?

Le « meilleur » consisterait à faire de ce monde un lieu de bonheur pour les êtres humains, pour tous les êtres sensibles, pour la création elle-même et la nature. Alors, pourquoi sommes-nous capables de concevoir tant d'idées positives pour améliorer le monde et, en même temps, faisons-nous le pire ?

L'altruisme de l'écoute et du service à l'épreuve d'un esprit autocritique

En tant que chefs religieux, nous avons acquis une autorité en ouvrant des portes, en facilitant l'accès à un autre monde, à un monde meilleur. C'est peut-être ce qui devrait nous faire honte. En effet, à cause de cette autorité qui nous est reconnue, les gens ont imputé un pouvoir que nous aurions sur eux. Souvent, ils veulent que nous occupions le devant de la scène, vêtus de nos habits religieux, et nous rendre hommage. Ils veulent donner leur argent, leur temps et leurs vies aux ecclésiastiques. Mais ils ne se soucient pas vraiment des valeurs qui doivent habiter un authentique chef religieux : répandre la vérité, l'amour, la sagesse, la miséricorde, la paix et la compassion. Il faut en être conscient. En tant que chefs religieux, si nous ne faisons pas preuve d'esprit critique envers nous-mêmes, nous représentons un danger pour les autres, que nous risquons de réduire en esclavage.

Selon le christianisme, le salut passe par l'intermédiaire de Jésus-Christ en tant qu'il incarne la libération des esclaves, la reprise des relations rompues et la transformation des pratiques de l'autorité. Les disciples du Christ doivent se montrer très circonspects à l'égard du pouvoir qui leur est conféré. Il n'est pas destiné à dominer autrui. Il guérit les ruptures relationnelles, réétablit et réintègre chacun dans la communauté, en tant que frère et sœur. Il instaure également la paix et l'unité et se préoccupe des autres sans attendre quoi que ce soit en retour. Se soucier de l'autre consiste tout d'abord à l'écouter et à le servir.

J'aime beaucoup le logo de l'institut Mind and Life. Il représente des personnes qui s'écoutent mutuellement : la bouche de l'un dans l'oreille de l'autre. Aujourd'hui, notre monde a surtout besoin d'écouter, pas de débattre ni de discuter. En situation d'écoute, nous accueillons l'autre tel qu'il ou elle est, sans jugement mais avec compassion. Il y a tant de personnes dans le monde qui ont besoin d'être entendues, et uniquement entendues ! Même les fondamentalistes ou les gens radicalisés auraient le plus souvent besoin d'être écoutés, accueillis, reçus tels qu'ils sont, avec leur violence. C'est en écoutant l'autre et en le servant que nous prenons soin du monde.

Le pouvoir de prendre la décision d'aimer

En d'autres termes, il nous est possible de changer le monde si nous décidons d'aimer. Je ne parle pas de choisir l'amour. Tout le monde fait ce choix. Nous voulons tous être aimés. C'est facile. Mais qu'est-ce que l'amour ? Tout d'abord, l'amour n'est pas un sentiment, c'est une volonté, la décision d'orienter notre esprit et notre cœur vers les autres et de les accepter tels qu'ils sont. En premier lieu, l'amour est la décision d'accueillir et non pas celle de donner.

Souvent nous donnons, après avoir fait preuve d'avidité. J'aime cette idée propre aux Quatre Nobles Vérités : le concept selon lequel l'un des comportements majeurs de l'être humain est l'avidité ; nous sommes toujours en train de vouloir quelque chose. Ce n'est que lorsque nous renonçons à cette forme de saisie compulsive que nous devenons un réceptacle de la nature, des autres et de tous les êtres sensibles. Nous avons décidé d'aimer. Même si nous savons que ce n'est pas facile, nous avons fait ce choix. C'est pourquoi nous nous établissons dans la liberté. Nous ne sommes plus aliénés par la réaction de l'autre. Si une rupture s'est produite dans le passé, nous nous réconcilions. Lorsque nous aimons une personne sans réserve, telle qu'elle est, sans attendre d'être aimés en retour, nous abandonnons toute idée de réciprocité. « C'est comme ça ! J'ai décidé de t'aimer quoi que tu fasses ! » Si nous réussissons à accepter avec courage d'accueillir, d'écouter et de servir autrui sans en attendre aucune réciprocité, nous pouvons vraiment construire un monde resplendissant d'amour. Ce choix décisif d'aimer nous rendra libres et heureux. Le monde s'en trouvera changé et le « meilleur » adviendra.

Chapitre 12

Promouvoir la foi

Alaa Murabit

Alaa Murabit est médecin. Elle a fondé The Voice of Libyan Women (VLW, La voix des femmes libyennes) en 2001, à l'âge de 21 ans. Son objectif principal est de remettre en question les normes sociales et culturelles dominantes en faisant appel à des modèles de comportement traditionnels et historiques. Elle défend la cause de la participation des femmes dans les processus de paix et les médiations de conflits. Les programmes novateurs qu'elle a élaborés, tels que la Noor Campaign, ont été adoptés dans de nombreux pays. Alaa Murabit travaille comme consultante pour divers conseils de sécurité, groupes de réflexion et organismes internationaux.

Nous avons discuté du pouvoir et de l'altruisme. Ces termes font souvent référence à des concepts flous qui s'influencent mutuellement. En effet, ces deux notions recouvrent, à mes yeux, une seule et même chose.

Le pouvoir et l'altruisme en rapport avec la foi

En ce qui me concerne, ma première introduction à ces concepts, et plus particulièrement à leur convergence avec la foi, me fut transmise par mes propres parents. Ma mère et mon père ont élevé onze enfants ; je me situais au milieu de la fratrie. Mon père qui travaillait comme médecin dans un hôpital se dévouait tous les jours à ses patients. Ma mère incarnait quotidiennement ce que ma foi m'a enseigné, à savoir la justice et l'amour. Si vous cherchez une illustration concrète de la compassion, du pouvoir, de l'attention aux autres et de l'équité, essayez d'élever onze enfants ! Ma découverte de la foi n'a pas eu lieu dans une mosquée ni par l'intermédiaire d'un prédicateur jouissant d'une grande réputation dans les cercles religieux – comme c'est le cas pour nombre de femmes –, même si je considère ma mère comme une érudite en matière de religion.

Pendant très longtemps, la foi a été un domaine exclusif où le pouvoir était exercé de manière prédominante par les hommes. C'est pourquoi je pense que les politiques qui ont été adoptées sont à leur image : elles trahissent une construction mentale socioculturelle et sexuelle qui modifie le rôle que joue la foi dans notre monde contemporain.

Interpréter la foi

On a beaucoup parlé du fondamentalisme. Je n'aime pas beaucoup ce terme parce qu'il implique que les fondamentalistes n'adhèrent qu'à une seule foi. Je pense qu'ils sont déviants plutôt que radicaux ou fondamentalistes. Pour moi, le fondamentalisme, ou déviance, est un problème qui relève davantage de notre condition humaine que de la foi elle-même.

La religion s'apparente au pouvoir. Elle peut être neutre. Vous pouvez l'utiliser à des fins positives ou négatives et vous en servir pour interpréter les textes selon vos convenances. Vous pouvez déshumaniser et rabaisser les gens ou les élever. Notre interprétation des situations a débouché sur le monde conflictuel dans lequel nous vivons. Un monde où des personnes qui professent une foi différente sont exclues, où des réfugiés, dont plus de la moitié sont des enfants, ne sont pas autorisés à franchir les frontières par crainte des actes qu'ils pourraient commettre dans le futur. J'ai le sentiment que nous n'avons pas accordé suffisamment d'attention au problème des réfugiés, pas plus que nous n'avons réussi à humaniser les conflits. Ces hostilités nous ont amenés à considérer les réfugiés d'un point de vue sécuritaire ; ils représentent ce qui nous fait le plus peur, ce que nous détestons le plus. Nous ne craignons pas les migrants ou les réfugiés en tant que tels, mais ce qu'ils pourraient provoquer ; le plus souvent, il s'agit en fait d'une crainte face à des comportements qui ne ressemblent pas aux nôtres. Si nous souhaitons approfondir cette discussion sur la déviance et l'extrémisme, qu'il soit islamique, bouddhiste ou autre, nous devons nous poser des questions sur les structures et l'institutionnalisation d'une religion qui ont permis que cet état des choses se poursuive si longtemps.

Il est important de reconnaître que certains pays avec lesquels nous sommes alliés ont financé et soutenu des mouvements extrémistes pendant trop longtemps. Ils ont transformé l'extrémisme qui existait au niveau individuel en groupes organisés dotés d'un pouvoir politique et économique. Si la moitié des jeunes nés dans une foi particulière l'abandonnent avant d'avoir 18 ans, nous devons alors admettre que, même si cette religion incarne la bonté, l'amour et la compassion, elle est également susceptible de revêtir des aspects terrifiants et violents. En réalité, notre interprétation de la foi peut pousser les fidèles à s'en écarter. Notre interprétation, nos abus et notre utilisation erronée de la religion comme un outil servant à renforcer notre pouvoir économique et politique – plutôt qu'à développer la compassion humaine – constituent un problème que nous devons résoudre à l'intérieur de nos propres communautés religieuses.

Les racines historiques des conflits contemporains

Il est merveilleux d'avoir une vision positive des choses, de n'en voir que le bon côté, comme on nous recommande de le faire. C'est une autre leçon que m'a enseignée ma mère, après avoir élevé onze enfants. Si nous devons instaurer un monde dans lequel nous avons la possibilité de créer un dialogue interreligieux et de vivre dans un climat d'harmonie mutuelle, nous devons au préalable accepter le fait qu'un grand nombre des conflits actuels ont des racines historiques. Nous ne pouvons nier le fait que certaines périodes de l'histoire, telle que la colonisation, ont changé à tout jamais la manière dont nous interprétons la religion dans de nombreuses parties du monde. Ces facteurs historiques ont modifié nos perceptions des relations entre hommes et femmes, entre les races et les identités ethniques. Je sais que la plupart des gens préfèrent dire : « Le passé est le passé. » Toutefois, nous incarnons ce passé ; et si nous ne commençons pas par reconnaître les racines des conflits – à la fois dans nos propres traditions religieuses et au niveau des points de convergence avec d'autres confessions –, il nous sera impossible de trouver une solution pour vivre dans l'harmonie et la paix.

Notre foi doit être inclusive

Selon moi, l'inclusion est le point le plus important quand il s'agit de la religion et de son interprétation. On ne peut nier l'importance des perspectives et des systèmes de pensée différents, mais ce qui fait défaut au niveau de l'interprétation, la raison pour laquelle le pouvoir est connoté, à tort, comme étant négatif, synonyme de bombes et de balles, c'est qu'il a toujours été considéré comme une prérogative de l'homme. La foi a également été interprétée de manière très masculine. C'est pourquoi nous ne considérons pas que la compassion et l'altruisme soient en eux-mêmes des formes intrinsèques du pouvoir. Nous les percevons comme distincts du pouvoir, bien qu'à mon sens ces valeurs constituent une seule et même chose.

Afin d'illustrer ce qu'est véritablement le pouvoir et de le définir, nous devons reconnaître que la compassion et l'altruisme font partie de ses éléments clés, et qu'ils ne sont pas moins admirables que le fait de se servir d'une arme à feu. Sans les voix des femmes, des minorités, des populations autochtones et des jeunes, nous ne disposerions pas d'interprétations authentiques de la foi susceptibles d'être appliquées dans les communautés et intégrées dans la vie quotidienne des fidèles.

Si nous créons un « Conseil de la conscience », l'un des thèmes majeurs de notre agenda devrait être le suivant : « Comment transposer le message de la foi inscrit dans nos livres sacrés (le Coran, la Torah ou la Bible) et celui de la compassion que nous prônons dans la réalité quotidienne de notre vie ? Comment faire pour que ces valeurs aient un véritable impact dans un monde, hélas, extrêmement xénophobe, sous l'emprise constante de la peur, mais qui demeure cependant ouvert à des échanges sur la capacité de la foi à engendrer la compassion ? »

Dialogue entre le Dalaï-Lama, les intervenants et la modératrice

Roshi Halifax : C'est le moment d'entamer un dialogue avec Sa Sainteté.

Le Dalaï-Lama : Je sens qu'il y a une amitié et un respect profonds et authentiques entre nous tous. J'étais récemment au Ladakh. C'est un État de l'Inde où j'ai le sentiment que les musulmans et les bouddhistes ont de très bonnes relations. Lors de ce séjour, je me suis rendu dans un temple bouddhiste, une mosquée sunnite et une mosquée chiite afin de symboliser notre étroite amitié.

Dès le milieu des années 1970, j'ai commencé à rendre hommage aux différentes religions en faisant des pèlerinages dans les mosquées, les églises, les temples hindous et jaïns, ainsi que dans les synagogues. Une fois, à Delhi, à l'issue d'une rencontre avec des musulmans de différents pays, je suis allé prier dans la grande mosquée Jama Masjid*. Coiffé de

---

* Située dans Old Delhi, il s'agit de la plus grande mosquée d'Inde, construite entre 1644 et 1656 par l'empereur moghol Shâh Jahân. *(N.d.T.)*

la calotte blanche, je me suis recueilli avec tous les membres de la communauté musulmane qui étaient présents. Le lendemain, de nombreux journaux indiens ont publié ma photo, en prière et portant la calotte. Je redoutais quelque peu la réaction de certains hindous. Mais, peu de temps après, un ami m'a confié que beaucoup d'entre eux avaient apprécié ce geste. À Delhi, la communauté musulmane n'est pas isolée, mais elle vit en contact avec les hindous.

Certains musulmans apprécient les enseignements que je donne, qui confirment à leurs yeux l'idée que nous avons tous le potentiel nécessaire pour développer un sentiment d'unité partagée par toutes les confessions. Si une telle harmonie est possible dans un pays, mobilisons tous nos efforts pour l'accomplir à un niveau mondial. Et tout d'abord, il nous faut faire connaître et diffuser notre travail. Nous devons organiser davantage de rencontres Mind and Life dans différents pays et atteindre des pays musulmans qui ont été historiquement isolés. Il s'agit d'un effort constant, comme le sont toutes ces rencontres, mais elles déboucheront sur des résultats significatifs et positifs.

J'ai eu récemment l'occasion de rencontrer des étudiants de pays musulmans du Moyen-Orient et d'Afrique. Certains d'entre eux avaient développé un état de paix sur le lieu même d'un attentat où des amis et des proches étaient morts dans l'explosion. En ces instants cruciaux, ces étudiants avaient choisi d'œuvrer coûte que coûte à la paix. J'admire ces jeunes hommes et jeunes femmes pour leur courage dans une situation si dramatique. Ils n'avaient pas peur, ils étaient animés d'une forte détermination à restaurer la paix.

Je leur ai dit : « Vous n'êtes pas seuls, et tous les êtres humains sensibles sur cette planète sont avec vous. » L'enthousiasme qui émanait de cette jeunesse m'a donné de l'espoir pour la génération suivante.

J'aimerais dire quelques mots sur les peuples autochtones. Au Canada, on les désigne par le terme « Premières nations ». Les Maoris de Nouvelle-Zélande et les Samis de Norvège ont conservé leur religion, leur langue et leurs chants traditionnels, tout en recevant une éducation moderne. C'est à mes yeux une situation exemplaire, et il me semble que c'est le moyen idéal de préserver leur propre identité et leur culture. En revanche, les peuples autochtones d'Australie demeurent toujours isolés, ce qui, dans le monde d'aujourd'hui, est presque l'équivalent d'un suicide. Je suis allé à plusieurs reprises en Australie. Il y a deux ans, j'ai demandé à me rendre à Ayers Rock[*]. Là, j'ai rencontré des peuples aborigènes qui vivent dans des conditions misérables. Un Allemand qui a le soutien du gouvernement fédéral avait mis sur pied un projet éducatif pour les aider.

Depuis les temps les plus reculés, les cultures des peuples autochtones ont toujours été étroitement associées à la nature. De nos jours, la société et la technologie modernes nous donnent parfois l'impression que nous pouvons la contrôler. Or nous faisons partie de la nature et, si nous voulons survivre, nous

---

[*] Ayers Rock, ou Uluru, est une imposante masse rocheuse située dans le parc national d'Uluru Kata Tjuta, dans la région du centre nord de l'Australie, région où vivent des ethnies aborigènes telles que les Pitjantjatjara. *(N.d.T.)*

devons respecter notre environnement et développer les moyens de vivre en plus grande harmonie avec elle. À cet égard, nous avons beaucoup à apprendre des peuples autochtones.

J'aimerais aussi ajouter quelques mots sur la domination masculine, qui est présente jusque dans la religion. Il y a quelques milliers d'années, la société humaine était réduite. À cette époque, il n'y avait pas de système d'éducation ni de concept de dirigeant. De ce fait, les membres de ces sociétés travaillaient ensemble et mettaient tout en commun pour partager le travail équitablement. Puis la population s'est accrue. L'agriculture a commencé et, avec elle, sont apparus les notions de « ma » terre, « mes » biens, mais aussi le vol et la brutalité. Les gens ont alors pensé : « Nous avons besoin d'un chef. » En l'absence de toute éducation, l'autorité reposait sur la force physique. Ce fut le début de la domination masculine. L'éducation permet d'apporter davantage d'égalité.

Aujourd'hui, il nous faut promouvoir l'amour et la compassion. Ainsi que nous l'avons souligné précédemment, les femmes sont biologiquement plus sensibles à la souffrance des autres ; elles devraient donc jouer un rôle plus actif au sein des différentes sphères du pouvoir, de sorte qu'en tant que société humaine, nous soyons en mesure de développer l'amour et la compassion. Il y a environ deux cents nations sur cette planète ; j'ai donc le sentiment qu'un jour la majorité de ces pays seront gouvernés par une femme. Par conséquent, je crois que le monde sera moins violent. Nous n'avons que trop connu la domination masculine : les hommes devraient se retirer et se détendre.

Roshi Halifax : Votre Sainteté, je vous remercie de votre intervention. Je pense qu'il serait parfaitement approprié que Pauline et Alaa aient toutes deux le dernier mot, en tant qu'exemples vivants de ce que vous venez de dire.

Pauline Tangiora : Le dernier mot doit concerner l'avenir de nos enfants. Si nous ne ressentons pas d'amour pour la Terre Mère – car nous sommes issus de la terre et c'est à elle que nous retournons –, alors on ne peut pas espérer un monde futur empreint d'altruisme. Or l'avenir doit être notre principale préoccupation. Il faut prendre soin de la Terre Mère et du Père Ciel, du sol, de l'eau, des forêts où nous allons prier, et qui sont autant de lieux de survie dans notre univers. Si nous ne nous soucions pas de l'environnement, alors nous disparaîtrons. Mais je suis persuadée que le pouvoir de l'amour et de l'altruisme que nous avons, vous et moi, et que nous étendons à la population mondiale, sera une réussite pour la jeunesse de demain. Dieu vous bénisse.

Alaa Murabit : Je suis pleinement d'accord sur le fait que nous devons redéfinir nos notions de pouvoir et d'altruisme. Je dirais qu'il ne s'agit pas simplement du fait d'être un homme ou une femme, mais de savoir ce que représentent la masculinité et la féminité. Je pense qu'à l'intérieur comme à l'extérieur des confessions religieuses il nous faut commencer à remettre en question les interprétations, les compréhensions, la rhétorique et parfois même les dirigeants qui ont élaboré les structures existantes qui, elles-mêmes, ont débouché sur des abus et des malentendus. Je pense que les femmes sont prêtes à endosser un rôle beaucoup plus actif qu'auparavant, et qu'elles le méritent. Mais nous devons également nous attaquer au problème des inégalités structurelles, aux obstacles et aux défis qui se posent à l'heure actuelle, afin de définir un programme valable pour chacun, d'abord et avant tout, au sein de la foi.

QUATRIÈME PARTIE

Les points de vue économiques et sociaux

La quatrième partie aborde le conflit séculaire entre le pouvoir et l'altruisme dans nos systèmes financiers et économiques. À cette occasion, Dennis Snower présente ses nouveaux travaux portant sur l'économie altruiste (Caring Economics), données qui explorent les possibilités de promouvoir une transformation personnelle et sociale.

Sir Paul Collier relate trois histoires sur l'économie qui démontrent les failles de la « main invisible[*] ». Theo Sowa met en valeur la parole féminine et souligne l'importance de la valorisation du travail des femmes. Enfin, Jody Williams, lauréate du prix Nobel de la paix, présente la fondation PeaceJam, une campagne couronnée de succès pour interdire les mines antipersonnel terrestres.

---

[*] Rappelons que ce concept introduit par l'économiste anglais Adam Smith (1723-1790) désigne un processus naturel par lequel le fait que chacun recherche son intérêt personnel contribue à l'intérêt général et au bien commun. *(N.d.T.)*

Modérateur de la quatrième discussion : Pr Uwe Jean Heuser, chef du service économie de l'hebdomadaire allemand *Die Zeit*, et professeur à l'université de Leuphana, à Lunebourg, en Allemagne.

Chapitre 13

L'intérêt personnel, le pouvoir et l'altruisme

Dennis Snower

Dennis Snower est président de l'Institut d'économie mondiale de Kiel, en Allemagne, et professeur d'économie à l'université Christian-Albrecht de Kiel. Il est également directeur du Global Symposium Solutions Initiative, chercheur attaché au Centre for Economic Policy Research de Londres, à l'Institut de recherche sur l'avenir du travail de Bonn (IZA), et au CESifo de Munich.

Votre Sainteté, un thème semble se dégager de ces échanges : bien que tous les êtres humains soient différents, nous sommes fondamentalement égaux et nous méritons de bénéficier de la bienveillance d'autrui. Ma question est donc la suivante : « Pourquoi ne coopérons-nous pas davantage ? »

Les conceptions de la nature humaine

Cette question me ramène à deux conceptions de la nature humaine. L'une d'elles est le point de vue économique classique et dominant de l'*Homo economicus*. Les individus satisfont rationnellement par leurs choix leurs intérêts égoïstes. Le second point de vue est celui de l'économie altruiste, qui considère que les êtres humains sont interdépendants et « pluri-orientés », ce qui signifie qu'ils réagissent à des motivations multiples et diverses qui se manifestent dans des circonstances différentes (tableau 13.1). Selon cette conception, les êtres humains sont capables d'exercer un pouvoir, d'être altruistes et d'avoir bien d'autres motivations. Ma question est donc la suivante : « Comment passer d'une conception à l'autre et quelles sont les implications d'un tel changement ? »

Deux conceptions de la nature humaine

Homo economicus	Économie altruiste
individualiste	interdépendant
intérêt personnel	pluriorienté
rationnel	peut exercer le pouvoir, être altruiste et agir selon d'autres motivations.

13.1. Comment peut-on passer d'une conception à l'autre pour développer un monde plus soucieux d'autrui ?

Le type de coopération selon le modèle de l'*Homo economicus*

L'*Homo economicus* représente le fondement de l'économie telle que nous la connaissons, et il justifie une certaine forme de coopération. Pourquoi devrions-nous coopérer si nous sommes égoïstes ? En raison des synergies. Lors d'une transaction entre un acheteur et un vendeur, chacun a la possibilité de gagner quelque chose. Ces synergies pourraient expliquer pourquoi, depuis les cinquante dernières années, la production mondiale de marchandises et de services a quadruplé (tableau 13.2a). En outre, ces systèmes synergiques nous permettraient de comprendre la raison pour laquelle environ un milliard de personnes sont sorties de l'extrême pauvreté depuis les années 1990 (tableau 13.2b).

Cependant, si nous nous limitons à cette optique extrêmement restreinte de la nature humaine, il nous est impossible d'expliquer les échecs cuisants de l'humanité à l'époque moderne : la guerre, la violence, la destruction de l'environnement, la surpêche, la déforestation et bien d'autres fléaux. Il y a deux catégories d'échecs. Selon la première catégorie, ils peuvent être déclenchés par l'indifférence et la recherche de statut social ; ils ont pour conséquence, le changement climatique, l'épuisement des ressources et l'inégalité sociale. Dans le second cas, ils sont provoqués par la colère, l'hostilité, la haine et la peur qui sont source de conflits, de guerres, de nettoyage ethnique et de torture. Le problème est que le concept d'*Homo economicus* ne nous fournit pas suffisamment d'informations sur les capacités humaines indispensables pour faire face à ces échecs.

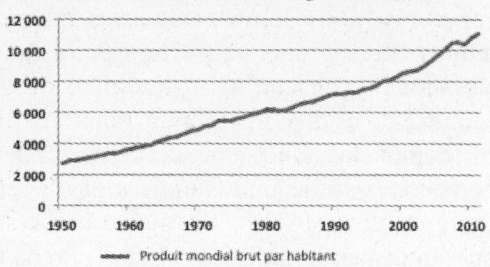

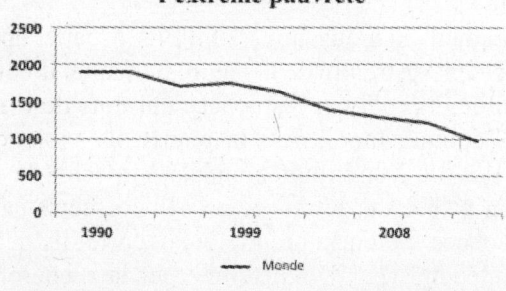

13.2a et 13.2b. Les marchandises et les services ont quadruplé depuis les cinquante dernières années. Un milliard de personnes sont sorties de l'extrême pauvreté depuis les années 1990.

Le type de coopération selon l'économie altruiste

L'économie altruiste est le nouveau paradigme que Tania Singer et moi-même sommes en train de développer. Ce modèle considère que les êtres humains sont mus par une diversité de motivations qui incluent la recherche du pouvoir et de l'altruisme, et que le contexte (dans la plupart des cas, il s'agit du contexte social propre à chacun) joue un rôle important dans la détermination du type de motivation qui va émerger. Ce qui signifie que nous faisons nos choix en fonction de nos interactions avec notre environnement et que ces dernières déterminent si c'est le pouvoir ou l'altruisme qui va l'emporter.

Trois motivations : intérêt personnel, altruisme et pouvoir (tableau 13.3)

La motivation de l'intérêt personnel, objet de l'attention des économistes « classiques », affirme que les gens obtiennent un gain réciproque en achetant et en vendant des marchandises et des services. Sans tenir compte d'éventuelles externalités[*], toutes les bonnes et mauvaises influences que nous pouvons exercer les uns sur les autres s'équilibrent sur le plan matériel. Cela signifie que les personnes qui confèrent des avantages aux autres reçoivent une récompense pour avoir agi de la sorte, alors que ceux qui imposent des pénalités

---

[*] On parle d'externalité quand une activité de consommation ou de production d'un agent économique a une influence positive ou négative sur le bien-être d'un autre agent économique sans que cette interaction ne fasse l'objet d'une transaction. L'exemple classique est celui d'une usine chimique qui s'implante près d'une boulangerie. Les externalités positives peuvent consister en une augmentation de la clientèle pour la boulangerie, sans que cette augmentation n'ait d'incidence pour l'usine. Par contre, l'implantation de cette même usine près de la boulangerie comporte des externalités négatives en termes de pollution plus ou moins nocive pour le magasin et la clientèle, sans que ces dommages n'aient de répercussions économiques sur l'usine. *(N.d.T.)*

à leurs semblables en paient le prix. Dans le contexte de la motivation altruiste, qui inclut la compassion et la bonté, les personnes apportent des bienfaits pour lesquels elles ne reçoivent aucune compensation matérielle. Telle est la nature de l'altruisme. Il en résulte une interrelation positive entre les personnes. Quant à la motivation du pouvoir qui implique la recherche de statut, la compétition pour l'obtention de postes élevés dans la société, la domination et la haine, elle est responsable d'interconnexions négatives. Les personnes sous l'emprise de cette motivation se font mutuellement du mal sans avoir à subir les conséquences de leurs actions nuisibles.

13.3 : Trois motivations

Altruisme	Intérêt personnel	Pouvoir
interrelation positive	désirs et besoins asociaux	interrelation négative
altruisme		recherche de statut social élevé
compassion		compétition pour l'obtention de postes
bonté		
		influence et domination
		haine
externalités positives	pas d'externalités	externalités négatives

Nous avons effectué des expériences pour tester ces motivations. Les participants sont confrontés à un choix : ils peuvent soit mettre de l'argent dans une cagnotte commune, auquel cas la somme augmente, ou bien ils peuvent le garder pour eux-mêmes. Les sujets auxquels on avait demandé, avant d'effectuer l'expérience, de se rappeler des situations où ils s'étaient préoccupés des autres ont placé davantage d'argent dans la cagnotte, alors que ceux qui s'étaient remémoré des événements qui les avaient mis en colère en ont donné moins. Ce fait démontre l'importance des motivations dans la conduite des gens. Jusqu'ici, l'économie a complètement ignoré cet aspect motivationnel. En outre, les personnes altruistes et celles qui sont colériques ont des opinions différentes sur l'expérience qui consiste à mettre de l'argent en commun ou à le garder pour soi-même. Les altruistes considèrent cette expérience comme une occasion de coopérer, tandis que les sujets irascibles l'envisagent comme une situation de rivalité.

Qu'est-ce qui nous rend coopératifs ?

Différentes forces entrent en jeu dans notre aptitude à coopérer. Outre les synergies permettant à deux personnes d'obtenir un avantage à condition que toutes deux en retirent un bénéfice, il y a la sélection parentale, c'est-à-dire le cas où nous n'accordons un bénéfice à l'autre que s'il nous est apparenté biologiquement ; nous cherchons donc à transmettre nos gènes. Hormis ces deux exemples, je propose trois autres facteurs qui peuvent nous rendre coopératifs (tableau 13.4).

Facteurs de coopération

intérêt personnel : synergies	pouvoir de la raison
parenté : sélection parentale	la voie de l'altruisme
pouvoir de socialisation – Réciprocité directe – Réputation – Suppression de l'esprit compétitif – Normes de comportement – Valeurs morales et vertus	

13.4. Différents facteurs nous incitent à coopérer.

1. La force de la socialisation

Cette force peut revêtir différentes formes. La première est l'influence de la réciprocité : si je vous suis utile, vous me rendrez la pareille, par conséquent j'ai avantage à vous être utile. La seconde force est l'influence de la réputation. Si je rends service aux autres, ma réputation s'accroît du fait de mon comportement bénéfique, et d'autres personnes – qui ne me connaissent pas personnellement – me viendront en aide dans l'espoir que je me comporterai de la même façon envers elles. La troisième force concerne l'impact de la suppression de l'esprit de compétition. Si nous supprimons les occasions de rivaliser (grâce aux institutions garantissant la loi et l'ordre, la taxation progressive, les dispositions de l'État-providence ou d'autres moyens), nous devenons plus coopératifs puisque je ne peux obtenir de bénéfices qu'en en prodiguant moi-même aux autres. Le quatrième facteur comprend les normes sociales et les valeurs morales qui garantissent également que je ne peux obtenir un gain qu'en en faisant bénéficier les autres. Toutes ces forces de socialisation ont un profond impact sur nos actions.

2. La force de la raison

La force de la raison nous rend plus coopératifs lorsque nous traitons les autres comme des égaux. Elle élimine les préjugés et nous alerte sur les conséquences à long terme de nos actions. Si nous vivons dans une communauté où nous nous considérons tous comme égaux, et que nous n'exerçons aucune forme de pouvoir à l'encontre des autres, alors la raison nous amène à adopter leur point de vue. Toutefois, un obstacle majeur entrave l'efficacité de ces deux forces que sont la socialisation et la raison. En effet, elles fonctionnent principalement au sein des « endogroupes » plutôt que dans les « exogroupes », c'est-à-dire dans nos propres cultures et sociétés plutôt que dans celles qui nous sont étrangères et extérieures. Mais ce problème ne concerne pas la force suivante.

3. La force de l'altruisme

Cette force peut surmonter notre réticence à coopérer avec des groupes sociaux différents du nôtre. En effet, l'altruisme nous permet de retirer des bienfaits de l'aide apportée aux autres, même si ces groupes se situent au-delà de nos frontières nationales, culturelles et religieuses.

Quelles sont les causes de nos conflits ?

Les principales causes de conflit sont la compétition entre groupes dans le but de s'emparer de ressources limitées, l'intérêt personnel et l'indifférence envers les autres. Nos luttes pour nous hisser à un statut social élevé constituent une autre source d'affrontement. Outre ces causes, il faut mentionner les abominables conflits suscités par l'hostilité ; ils s'expliquent généralement par quatre facteurs : l'exceptionnalisme, le dualisme, la victimisation et la déshumanisation (tableau 13.5).

Les causes de nos conflits

Compétition	Conflits provoqués par l'hostilité
ressources limitées	exceptionnalisme
avantages d'un statut social élevé	dualisme
	victimisation
	déshumanisation

13.5. Les êtres humains sont des animaux sociaux qui définissent leur identité sociale au sein de groupes qui rivalisent souvent entre eux et déclenchent des conflits.

L'exceptionnalisme se manifeste lorsque nous estimons que nous sommes plus importants et plus dignes de respect qu'autrui. Sous l'emprise du dualisme, nous avons le sentiment d'appartenir aux « forces du Bien » et nous combattons les « forces du Mal ». Sous l'effet de la victimisation, nous nous percevons comme victimes des forces du Mal, ce qui nous incite à nous défendre pour assurer notre place légitime dans le monde. Enfin, la déshumanisation nous induit à considérer nos ennemis comme des incarnations du Mal.

Si la société était plus sensible aux causes qui provoquent à la fois la coopération et les conflits, nous ferions alors un énorme pas en avant pour créer un monde plus apaisé. L'une des manières de sensibiliser la société à ces causes consisterait à les étudier dans les écoles et les universités, mais aussi à les enseigner aux enfants dès leur plus jeune âge afin qu'ils en soient conscients. Si nous voulons promouvoir des changements réellement transformateurs, nous devons garder présent à l'esprit le fait que les êtres humains sont des animaux sociaux, qu'ils définissent souvent leur identité sociale au sein de leur propre groupe, et que ces différents groupes peuvent entrer en conflit les uns avec les autres.

En Europe plus particulièrement, mais également dans d'autres parties du monde, la religion a été une source majeure de conflit. Au XVIIe siècle, à la fin de la guerre de Trente Ans, les populations ont développé une telle aversion envers la religion qu'elles ont considéré que leur identité devait se fonder sur une autre base. C'est ainsi que le nationalisme a pris de l'importance. Pourtant cette notion a été à l'origine de deux guerres mondiales. Il y a environ un siècle, la race est devenue un autre fondement de l'identité. Cette notion a débouché sur l'Holocauste, l'extermination de six millions de Juifs durant la Seconde Guerre mondiale. Et durant les décennies qui précédèrent et suivirent les deux guerres mondiales est apparue l'ère de l'idéologie qui a donné naissance à l'URSS de Staline et à la guerre froide. Tous ces fondements de l'identité sont susceptibles de déclencher des conflits, ce qui nous amène à nous poser la question suivante : « Comment sortir de cet enchaînement et comment l'éviter ? »

Promouvoir une transformation personnelle et sociétale

Au cours de nos recherches sur l'économie altruiste, nous explorons deux grandes pistes afin de promouvoir la transformation personnelle et sociétale. La première a trait au changement intérieur et fait appel à des pratiques d'entraînement de l'esprit. La seconde se rapporte au changement extérieur qui consiste à instaurer un contexte social incitant les gens à établir des relations de coopération et à adopter des attitudes d'altruisme et d'affiliation. L'échange des rôles se range parmi les paramètres sociaux les plus efficaces : il s'agit de nous mettre à la place des autres au niveau cognitif et affectif ; cette pratique nous encourage effectivement à bâtir une « maison commune ». Par exemple, si l'on veut vraiment mettre en œuvre l'échange des rôles avec les migrants qui arrivent en Europe depuis ces dernières années, on peut aller dans les camps de réfugiés, vivre parmi eux et participer à leurs projets communs. Les dirigeants qui élaborent des politiques pour les chômeurs, les handicapés, les gens sans qualification professionnelle, ou d'autres groupes défavorisés, devraient partager leur quotidien pour prendre conscience de leur point de vue. La légitimité des décideurs politiques devrait dépendre de leur volonté de se prêter à des échanges de rôles sociaux avec les personnes concernées par leurs décisions. Une condition préalable à l'exercice du pouvoir des responsables des politiques agricoles devrait être qu'ils se représentent concrètement la condition des animaux. Il faudrait également organiser des sorties scolaires et des visites publiques dans les abattoirs, de manière à ce que les gens comprennent les conditions dans lesquelles meurent les animaux ; ils pourraient ensuite choisir le type de nourriture qu'ils souhaitent consommer. Ces initiatives nous permettraient de progresser dans la construction d'une maison commune incluant tous les êtres sensibles. À cet égard, il est vital de reconnaître l'importance d'un principe éthique majeur prôné dans de nombreuses religions universelles : « Aime l'étranger comme toi-même. » Prendre ce principe à cœur nous aidera à établir des interactions harmonieuses transcendant les barrières culturelles, religieuses et nationales.

13.6 : Promouvoir le changement

Contexte ➡ **Évaluations** ➡ **Motivations**

Changement intérieur : Entraînement de l'esprit

Changement extérieur : Coopération opposée aux situations de compétition, induites par les institutions, la religion et la culture
Échange des rôles ; bâtir une maison commune

Altruisme
Désirs asociaux
Pouvoir
Colère, peur

Le Dalaï-Lama : Oh, c'est très intéressant !

Uwe Jean Heuser : Votre Sainteté, désirez-vous nous faire part de votre réaction immédiate ?

Le Dalaï-Lama : Mes connaissances en économie sont faibles. Mais je n'ignore pas l'importance de cette discipline. L'une de mes préoccupations principales dans ce domaine est l'énorme fossé qui sépare les riches des pauvres. Ce phénomène n'est pas seulement immoral, il est à la source d'un grand nombre de nos problèmes. Bien que les économistes s'efforcent de développer la croissance, il est néanmoins impossible de nier le fort sentiment d'inquiétude envers les autres, particulièrement envers les gens les plus défavorisés. C'est pour cette raison que, dans ce domaine, je me considère comme un socialiste. Pourtant, même les pays qui ont tenté de mettre en œuvre une économie socialiste connaissent une certaine stagnation.

Le président Václav Havel, aujourd'hui décédé, m'avait invité en République tchèque juste après l'indépendance de son pays. Je lui avais alors déclaré : « Les systèmes socialistes et communistes ont en grande partie échoué, et le système capitaliste occidental a créé un écart considérable entre les riches et les pauvres. Vous avez désormais l'occasion de créer une synthèse économique des deux. »

En ce qui concerne ma propre théorie économique, je me considère comme marxiste, parce que ce système prône une distribution équitable des richesses. J'admire ce type d'idéologie, mais je dois ajouter que je suis totalement opposé à Lénine qui a dévoyé la pureté, l'authenticité et la compassion de l'esprit du marxisme.

En tant qu'économistes, vous avez la possibilité d'élaborer des stratégies qui, tout en réalisant des profits, peuvent développer des moyens d'en faire bénéficier davantage les plus démunis. Par quelle sorte de mécanisme, je l'ignore. Vous le savez mieux que moi. Dans le système capitaliste, il semble que les riches deviennent de plus en plus riches, tandis que les pauvres restent dans une misère qui souvent même s'aggrave. Nous devons réfléchir sérieusement à ce problème.

Dennis Snower : À cet égard, intégrer la notion d'altruisme dans l'économie sera d'une grande aide.

Le Dalaï-Lama : Très bien. Nous sommes d'accord. Merci.

Uwe Jean Heuser : Votre Sainteté, je pense que vous n'êtes pas tout à fait sincère avec nous. Vous connaissez davantage de choses sur l'économie que vous ne voulez bien l'admettre.

Le Dalaï-Lama : Je dis simplement que j'en ai quelques notions.

Uwe Jean Heuser : Grâce à l'économie altruiste et aux approches novatrices de la motivation humaine, il existe un réel espoir d'élaborer des politiques économiques différentes de celles que nous avons connues.

Elles seraient plus proches de la troisième voie* que l'Europe de l'Est n'a jamais empruntée parce qu'elle n'était peut-être pas en mesure de le faire. Nous espérons que cet échange d'idées débouchera sur des politiques qui seront mises en œuvre dans de nombreuses sociétés.

---

* La troisième voie est un système philosophique et surtout économique qui se situerait entre la social-démocratie et le libéralisme. Elle a le souci de ne pas recréer une politique sociale marxiste et se veut résolument différente des solutions socialistes classiques. *(N.d.T.)*

Chapitre 14

Trois histoires d'économie

Paul Collier

Paul Collier est professeur d'économie et de politique publique à la Blavatnik School of Government d'Oxford et professeur émérite au St Anthony College de la même université. Il est le père fondateur du Centre for the Study of African Economies (Centre d'études de l'économie africaine). Ses contributions dans les domaines de la recherche et du changement politique en Afrique lui ont valu d'être anobli.

Votre Sainteté, je vais vous raconter trois histoires, même si les économistes ne sont pas très doués pour la narration. Mais je vais faire de mon mieux.

L'histoire du monde selon *Homo economicus*

Voici l'histoire du monde selon *Homo economicus*. À l'origine, le monde se trouve dans un terrible désordre régi par la cupidité. Puis surviennent les forces du marché. Une main invisible balaie tous ces gens cupides et indisciplinés. Et, ô surprise, on parvient à un équilibre : tous les bénéfices mutuels potentiels se sont concrétisés et, pour une fois, on a vu la main invisible à l'œuvre !

En fait, cette histoire est construite sur des fondations passablement branlantes. Dennis Snower a mis en évidence les aspects psychologiques des différentes motivations que cette histoire ignore : l'altruisme et le pouvoir, ainsi que la cupidité et l'intérêt personnel. J'aimerais ajouter que, selon le scénario de l'*Homo economicus*, la seule forme d'interaction entre les gens s'effectue uniquement par le biais du marché, alors qu'en fait les hommes ont eu des relations sociales bien avant l'instauration des lois du marché.

En effet, les réalités que l'économie prend comme point de départ, à savoir les individus et leurs besoins cupides, ne tombent pas de la planète Mars ! Elles sont le produit de la société et proviennent de l'interaction entre les hommes. Nous avons vu dans la présentation de Sarah Blaffer Hrdy comment un bébé naît au sein d'une communauté et passe de bras en bras. Ce bébé se construira une identité et un ensemble de valeurs bien avant de développer une capacité de calcul rationnel ; faculté que les économistes classiques lui attribuent dès son plus jeune âge. Or, selon les psychologues, la capacité de calcul rationnel ne s'instaure qu'à partir de l'âge de 14 ans. À ce moment-là, l'identité et le système de valeurs de l'individu se sont déjà forgés depuis longtemps. Cela signifie que nous devons changer nos hypothèses sur nos motivations, sur nos objectifs premiers, et ne pas considérer uniquement les besoins supposés des individus. L'économie nécessite une révolution : les économistes sont certes influents, mais ils sont aussi profondément conservateurs. Alors, peut-il y avoir un espoir ?

Cet espoir proviendrait de la fascination que les économistes éprouvent pour la physique. Toutefois, celle qui attise leur curiosité est la physique newtonienne qui date du XVIIIe siècle. C'est un monde de boules de billard et de force de gravité. En économie, nous aimerions que les gens se réduisent à des boules de billard et que la gravité équivaille à la cupidité et aux primes, c'est-à-dire aux forces du marché. Tel est, selon eux, le monde dans lequel nous vivons. Aveuglés par leur attirance pour la physique de Newton, les économistes ne se sont pas aperçus que cette science a évolué depuis une centaine d'années. Elle a effectué sa propre révolution, abandonné la mécanique classique pour la mécanique quantique. Les composants fondamentaux de la physique quantique sont les interactions et les quanta ; ces derniers se définissant comme des paquets d'ondes irréductibles. Si l'on transpose la métaphore quantique à l'économie altruiste, les interactions sont comparables aux réseaux sociaux au sein desquels les gens interagissent. Quant aux paquets d'ondes, ils équivalent à des identités chargées de valeurs. Telle est la voie que devrait emprunter l'économie.

Laissez-moi vous parler d'une seconde histoire dans laquelle nous intégrons une partie de ces éléments.

Histoire de la transmission sociale des valeurs

Je vais vous faire part de travaux très récents. Il s'agit du dernier article du professeur Tim Besley, qui est l'un des plus éminents jeunes économistes mondiaux. Il s'agit d'une contribution extrêmement novatrice dans le courant de pensée dominant. Quelle est cette théorie ? Il s'agit d'un modèle et, comme tous les modèles économiques, il semble complètement farfelu. Mais ne vous en moquez pas. Tentez seulement de comprendre le concept simple que ce modèle propose.

Comme toujours, à l'origine, le monde est en proie à un désordre total. Nous allons y intégrer maintenant la transmission sociale des valeurs qui, dans ce contexte, représente la main invisible. Selon ce type de chaos particulier, l'Amérique possède trop d'hommes qui aspirent à être des mâles dominants, ce qui provoque une foire d'empoigne. L'Europe, elle, n'en a pas suffisamment. Les hommes y sont si bons et si doux que l'économie stagne. Les mâles dominants américains veulent des impôts très bas, alors qu'en Europe tout le monde souhaite l'égalité et est donc prêt à payer des impôts élevés. En Amérique, les gens qui aspirent à être dominants sont heureux mais, en Europe, les hommes qui n'ont pas ce type d'aspiration le sont également. Tel serait le monde dans lequel nous vivons.

En ce qui concerne la transmission des valeurs, la théorie est on ne peut plus simple : les enfants prennent les parents pour modèles. Que se passe-t-il dans un mariage mixte composé d'un parent qui aspire à être dominant et de l'autre qui ne le souhaite pas ? Eh bien, l'enfant prend pour modèle celui des deux qui est le plus heureux ! Essayez d'imaginer tous ces mâles dominants américains heureux. Les enfants grandissent en aspirant à devenir des mâles dominants. Ce monde devient alors une course au succès effrénée, car il y a trop de mâles dominants et, au fil du temps, il y en a de plus en plus. En Europe, c'est exactement le contraire. Au début, il n'y a pas suffisamment de mâles dominants, et leur nombre ne cesse de diminuer. Ainsi la main invisible est bien présente, mais elle ne nous conduit pas à un équilibre harmonieux. Elle nous mène à deux « enfers sur terre » différents.

Permettez-moi de vous raconter une dernière histoire.

Histoire des valeurs associées aux identités

Je suis africaniste, et donc je ne peux m'empêcher de terminer mon intervention sans raconter une histoire sur l'Afrique. Il s'agit, en l'occurrence, d'un travail de recherche remarquable, qui n'est pas le mien. C'est l'histoire d'une usine au Kenya qui emballe des fleurs. Les ouvriers perçoivent des primes de rendement. *Homo economicus* adore ce genre de mesure. Il sait parfaitement ce qui va se passer. Il y aura un dénouement heureux : celui des bénéfices mutuels. Dans cette histoire d'*Homo economicus*, nous introduisons l'idée que les valeurs sont associées aux identités.

Le Kenya comprend différentes communautés, ou identités, tribales. Chacune d'elles possède ses propres valeurs et, parmi celles-ci, le fait que les autres tribus sont perçues comme ennemies. Dans cette usine d'emballage, des travailleurs appartenant à différentes tribus travaillent tous sur une même chaîne d'assemblage. Les ouvriers qui occupent les postes en amont de la chaîne contrôlent la qualité des produits qui parviennent aux travailleurs occupant le bas de la chaîne. Quand la tribu A occupe le haut de la chaîne, elle sabote délibérément l'emballage des fleurs, malgré les retenues sur leur salaire. Les membres de la tribu A le font délibérément dans le but de nuire aux ouvriers de l'autre tribu, qui se trouvent au bout de la chaîne. *Homo economicus* ne comprend pas ce point. Il croit en la main invisible. Elle est censée nous guider vers un résultat équilibré. Mais le résultat de cet équilibre débouche, une fois de plus, sur un véritable enfer.

Toutes ces histoires démontrent que nous ne pouvons pas dépendre de cette main invisible. En fait, il faut apprendre à être solidaires et, à cette fin, Votre Sainteté, nous avons besoin d'un maître.

LE DALAÏ-LAMA : Que nous le reconnaissions ou non, nous ne pouvons nier la réalité : nous sommes des animaux sociaux et toute activité humaine est liée à l'esprit et aux sentiments, y compris la gestion de l'argent. La réalité contemporaine veut que nous soyons profondément interdépendants d'un continent à l'autre ; et je pense que l'économie mondiale s'inscrit également dans le cadre de l'interconnexion. En tant qu'animaux sociaux, il nous faut établir des liens d'amitié qui se fondent sur la confiance qui, elle-même, ne s'instaure que si nous faisons preuve d'une authentique préoccupation du bien-être d'autrui.

Nous savons tous qu'avoir beaucoup d'argent n'apportera pas la satisfaction ni la paix intérieure. N'est-ce pas l'affection qui nous procure une profonde satisfaction et un vrai bonheur ? Pensez aux très jeunes enfants. Ils sont très sensibles aux sourires de leurs parents et à l'amour qu'ils en reçoivent. En termes d'affection, les animaux sont plus honnêtes que nous. Parfois, certains êtres humains valorisent davantage l'argent et le pouvoir que la tendresse aimante. Je suis persuadé que quelqu'un qui pense constamment à l'argent et au pouvoir mourra malheureux, accablé par une longue liste d'expériences déplorables. Au contraire, une personne qui a reçu beaucoup d'affection au cours de sa vie sera beaucoup plus en paix sur son lit de mort.

L'économie dénuée de toute dimension humaine est sèche. Quelle valeur a-t-elle ? En faisant appel à notre intelligence, nous constatons que tout est lié à la générosité et à la chaleur d'un cœur humain débordant de bonté.

PAUL COLLIER : Votre Sainteté, notre discipline a tenté d'endoctriner les étudiants en leur proposant une vue extrêmement dure et réductrice de l'humanité. Nous luttons actuellement pour changer cet état de choses.

LE DALAÏ-LAMA : C'est très bien. Merci.

Chapitre 15

Valoriser le travail des femmes

Theo Sowa

Theo Sowa est consultante et conseillère indépendante, spécialisée dans le développement social international et plus particulièrement dans les problèmes liés aux droits et à la protection sociale. Elle est actuellement directrice générale de l'African Development Fund (Fonds de développement africain). Son travail consiste à conseiller les militantes et les responsables des droits des femmes et des enfants en Afrique et dans le monde. Elle s'occupe également de l'élaboration de politiques et de campagnes de sensibilisation auprès de nombreuses organisations internationales.

Votre Sainteté, tout comme vous, je ne suis pas économiste. Ma contribution à cette discussion consistera à apporter le point de vue que j'ai développé en travaillant avec des femmes et des enfants dans le monde entier.

Notre système économique valorise les mauvais choix

Selon moi, les systèmes et les théories économiques qui structurent nos sociétés valorisent les mauvais choix, ce qui débouche sur des perceptions et des interventions erronées. En conséquence, nous nous retrouvons dans un monde inégalitaire qui ne s'oriente pas dans la direction souhaitée si l'on veut progresser.

Il s'agit d'une sphère où des gens, assis dans des bureaux à New York ou à Londres, sont payés des millions de dollars ou de livres sterling pour découper des articles et remuer de la paperasse. Ce faisant, ils contribuent à affamer et appauvrir d'innombrables personnes sur la planète, des personnes qui se trouvent dans l'incapacité de prendre leur vie en main et d'avancer. Dans ce monde-là, des gens élèvent et nourrissent leurs enfants, travaillent dans les champs, produisent de la nourriture et font en sorte que leurs communautés soient stables. Mais on leur refuse catégoriquement les ressources dont ils auraient besoin pour améliorer leur vie, comme nous le souhaiterions. Pour moi, c'est là l'exemple d'un monde où nos systèmes de valeurs vont totalement à la dérive.

Si nous voulons changer le monde, et plus particulièrement l'économie, qui en constitue un puissant facteur, nous devons modifier la conception que nous en avons. Tant que nous ne serons pas capables de transformer nos modes de pensée, c'est-à-dire d'évaluer ce qui est important dans nos vies et qui leur confère un sens, nous ne pourrons pas aller de l'avant et nous continuerons à faire de mauvais choix. Je ne veux pas être négative ni proclamer : « L'économie ne propose rien de valable. Supprimons-la, jetons-la par la fenêtre ! » Elle peut s'avérer une force puissante pour le changement et pour le bien de tous, à condition d'être utilisée à bon escient et d'intégrer des valeurs positives.

Le pouvoir des femmes

En travaillant avec les femmes, surtout en Afrique mais également dans d'autres parties du monde, je me suis aperçue que, lorsqu'elles prennent l'économie en main, elles obtiennent vraiment d'excellents résultats. Dans les camps de réfugiés, par exemple, j'ai observé la manière dont elles s'organisaient pour s'assurer que les enfants aient suffisamment à manger et reçoivent une éducation. Au Libéria, j'ai vu des femmes qui, en plein milieu d'un long conflit, organisaient le transport des vivres dans tout le pays pour qu'aucune région ne souffre de la famine. Ce sont ces mêmes femmes qui ont réussi à amener les seigneurs de la guerre à la table des négociations et qui les ont forcés à négocier la paix. En consultant des données académiques, je parviens à la même conclusion. Un rapport sur la Côte d'Ivoire a démontré que, pour parvenir à de bons résultats en termes de santé, d'éducation et de nutrition infantiles, il fallait augmenter le revenu des femmes de 10 dollars par an. Pour obtenir le même résultat avec des hommes, il fallait accroître leurs revenus annuels de 110 dollars.

Valoriser le travail des femmes

Lorsque nous évaluons les facteurs qui contribuent au progrès d'un pays, nous ne prenons pas en compte un élément très important : le travail des femmes.

Nous n'hésitons pas à dire de certaines formes de travail : « Oui, il s'agit d'un vrai métier et nous allons bien rémunérer ceux qui l'exercent. » Par contre, il y a une autre catégorie de tâches que nous jugeons ainsi : « Ce n'est pas un véritable travail. C'est juste ce que font les femmes. » Alors que la majeure partie de ces tâches domestiques est associée aux soins prodigués à autrui.

J'aimerais vous raconter l'histoire d'un film que j'ai vu il y a quelque temps. Il s'agit d'une femme qui se lève à cinq heures du matin. Elle prépare le repas pour les enfants puis commence à nettoyer la maison. Lorsque les enfants sont réveillés, elle les habille et les prépare pour l'école. Quand son mari se lève, elle lui sert son petit déjeuner et s'assure que la nourriture qu'il emporte sur son lieu de travail est prête. Puis elle conduit les enfants à l'école et, de retour chez elle, elle veille à ce qu'il y ait suffisamment d'eau, de nourriture et d'autres choses indispensables à la maison. Dans la soirée, elle commence à cuisiner le dîner. Entre-temps, elle aura nettoyé la maison, se sera occupée du potager, sera allée chercher les enfants à l'école, les aura aidés à faire leurs devoirs, leur toilette, etc. Ce soir-là, son mari rentre accompagné de collègues de travail. Le mari la présente aux invités, qui lui demandent : « Que fait votre femme ? » Et il répond : « Oh rien, elle est femme au foyer. » Ce jugement totalement erroné réduit à néant toutes les tâches domestiques accomplies par elle.

On retrouve également cette perspective biaisée du rôle des femmes dans la sphère économique. Lorsque les gouvernements prennent des décisions au sujet des investissements, ils font de mauvais choix. Ils décident par exemple, sur la foi de l'opinion publique ou de leurs propres convictions, que le métier d'avocat est plus important que d'autres professions, ou bien qu'un gestionnaire de fonds de pension représente une plus grande valeur pour l'économie que certaines formes de travail accompli par les femmes. En conséquence, quand il s'agit de décider des investissements à effectuer afin de faire progresser l'économie, je pense que les décideurs font des choix erronés, et plus particulièrement en Afrique, comme j'ai très souvent pu le constater.

Le travail des femmes lors des épidémies de sida et du virus Ebola

Je voudrais vous raconter une autre histoire qui concerne le rôle des femmes dans l'épidémie de sida. À l'heure actuelle, nous vivons dans un monde où le VIH et le sida peuvent être totalement enrayés, mais pendant longtemps, dans de nombreux pays d'Afrique, cette maladie était comparable à la peste. Des hommes et des femmes, des communautés entières et toute l'économie étaient en train de mourir. Pour les malades, une part du problème résidait dans le fait de pouvoir se procurer les bons médicaments à un prix correct.

Mais la majeure partie des difficultés était liée aux changements sociaux provoqués par l'épidémie.

Après avoir assisté à la mort de leurs enfants, les grand-mères africaines ont décidé d'adopter leurs petits-enfants, au lieu de rester assises sans rien faire. Elles sont aussi allées chez leurs voisins décédés pour ramener leurs enfants chez elles. Puis elles se sont rendues dans les villages voisins, où elles ont trouvé de jeunes orphelins. Elles les ont nourris, les ont envoyés à l'école et les ont élevés. Ces femmes n'avaient pas d'argent, mais elles se sont débrouillées pour mener ces tâches à bien. C'est ainsi que ces sociétés africaines, qui auraient pu s'effondrer, ont survécu. Et ces communautés qui étaient au bord de l'extinction ont perduré. Pourtant, lorsqu'on évoque l'histoire de la pandémie du VIH-sida, il est rarement fait allusion au rôle qu'ont joué ces femmes dans le revirement de la situation. En conséquence, lorsque des organisations lancent une campagne pour prévenir ce type de catastrophes sanitaires, elles n'investissent pas dans le travail accompli par les femmes.

Récemment, nous avons dû faire face au même problème avec le virus Ebola, cette maladie qui a ravagé trois pays d'Afrique occidentale. Selon la presse internationale, Médecins sans frontières (MSF) aurait sauvé ces pays. J'admire les actions de MSF ; ils font un travail extraordinaire et ils étaient sur place, alors que beaucoup d'autres organisations ne voulaient pas s'y rendre. Mais les premières personnes à réagir lors de la crise d'Ebola ont été les femmes du Libéria, de la Guinée et de la Sierra Leone. Pourtant, leur travail n'a pas été reconnu. Une fois de plus, lorsque la communauté internationale a décidé des modalités d'investissement pour aider ces pays touchés à se redresser et qu'elle a pris des mesures de santé préventives, elle a totalement oublié le rôle des femmes et elle a fait des choix économiques contre-productifs.

Je ne sais pas combien de fois nous devrons apprendre cette leçon. Nous voyons de nos yeux le travail des femmes et les changements qu'elles opèrent, et cependant nous ignorons toujours et encore leur contribution.

Le travail des femmes doit être reconnu

Pour conclure, je dirais que mon travail m'a révélé l'extraordinaire pouvoir des femmes. Très souvent, lorsque nous parlons de pouvoir, nous l'associons à des positions d'autorité, à des gens richissimes ou à ceux qui possèdent beaucoup d'armes. Et pourtant, les femmes sont dotées d'une force intérieure qui est absolument prodigieuse.

Chaque femme a, en elle-même, la possibilité de faire le choix d'utiliser ses ressources personnelles, son cerveau, son corps et son cœur, pour effectuer des changements en faveur d'un monde plus égalitaire. Mais nous devons œuvrer pour créer un environnement dans lequel ces occasions de changement deviennent possibles et ne soient plus étouffées.

Chaque fois que nous ignorons le pouvoir des femmes et leur apport, nous laissons le monde s'enfoncer davantage dans la négativité, le gaspillage et la destruction, au lieu de suivre une voie où nous travaillerions ensemble afin de créer le type de communauté auquel nous aspirons. Je ne veux pas dire par là que les femmes devraient se charger de toutes les tâches : elles en ont déjà trop !

En tant que citoyens du monde et de la communauté internationale, nous devrions valoriser, reconnaître et récompenser l'ensemble des travaux accomplis par les femmes, ainsi que toutes leurs contributions économiques. C'est en agissant de la sorte qu'il nous sera possible de créer le monde que nous appelons de nos vœux.

Chapitre 16

Créer le changement avec PeaceJam

Jody Williams

Jody Williams, militante politique américaine, a reçu le prix Nobel de la paix en 1997 et l'a partagé avec l'organisation qu'elle a contribué à fonder en 1992, l'International Campaign to Ban Landmines (ICBL). Ce prix récompensait leur campagne révolutionnaire débouchant sur le traité d'interdiction des mines antipersonnel terrestres dont la signature par 122 pays, en décembre 1997, a constitué une reconnaissance supplémentaire de leur engagement. Depuis janvier 2006, Jody Williams consacre son temps à la campagne pour la paix durable menée par la Nobel Women's Initiative (Initiative des femmes Nobel) dont elle est la directrice.

Je travaille essentiellement sur des problèmes liés aux femmes par l'intermédiaire du Nobel Women's Initiative (Initiative des femmes Nobel), constitué des six lauréates du prix Nobel de la paix. Nous nous sommes unies afin de mettre toute notre influence et les contacts dont nous disposons au service du changement, en soutenant l'activisme des femmes de terrain dans les pays en guerre à travers le monde entier.

Lorsque nous avons fondé l'Initiative des femmes Nobel, il y a dix ans, j'ai alors réellement apprécié le fait d'avoir reçu ce prix. J'ai le sentiment que cette distinction, conférée aux femmes du prix Nobel, et « partagée » avec les militantes de terrain, braque un projecteur sur leur travail, ce qui permet de faire connaître leurs activités. Le fait qu'aucun des 94 hommes qui ont reçu le Nobel de la paix n'ait jamais fondé une « Initiative des hommes Nobel » en dit long sur la différence entre les hommes et les femmes.

Créer les acteurs d'un changement positif avec PeaceJam

Je désirerais vous entretenir du travail commun que nous effectuons, Sa Sainteté et moi-même, au travers de PeaceJam, une organisation fondée il y a près de vingt ans par Dawn Engle et son époux Ivan Suvanjieff, un rocker punk du groupe américain Ramrods. Ce couple a eu l'idée d'associer des lauréats du prix Nobel et des jeunes, afin de montrer à ces derniers qu'ils avaient en eux-mêmes la capacité et le pouvoir de devenir des acteurs de changements positifs.

PeaceJam a modifié la vie de nombreux jeunes dans le monde entier. Nous avons organisé des événements PeaceJam dans près de quarante pays. En ce moment même, nous préparons une autre rencontre de ce type à Bruxelles : elle consiste à lancer un programme de dix ans pour combattre l'extrémisme, la haine, le racisme et l'isolationnisme, et aider les jeunes à prendre leur avenir en main et à l'orienter différemment.

Appel aux gouvernements pour unir et non pas diviser

Lorsque je considère les causes des conflits et celles qui peuvent amorcer des changements, je m'aperçois d'une énorme lacune au sein de nos gouvernements : leur incapacité à promouvoir l'inclusion citoyenne et à fédérer les gens autour d'une cause commune. Je pense qu'en fait les États encouragent activement la colère, la peur et la dévalorisation des autres. Cette attitude favorise à son tour le racisme, le sexisme, la haine des lesbiennes et des homosexuels, des bisexuels, des transsexuels et des pseudo-hermaphrodites. Lorsqu'un gouvernement essaie de préserver et d'affirmer son pouvoir, il divise les citoyens en faisant de la peur la préoccupation majeure de la communauté.

Je pense qu'après les attaques du 11-Septembre, lorsque Bush, Cheney, Rumsfeld, Wolfowitz et Rice ont décidé d'envahir illégalement l'Irak, et qu'ils ont commencé à traiter de terroristes tous ceux qui ne faisaient pas partie du « nous », ils ont déclenché une vague de terreur mondiale. Le gouvernement se focalise sciemment sur Daech, sur les réfugiés syriens considérés comme des « terroristes » qui se faufilent dans le pays, donnant ainsi une connotation négative à tous les événements que nous ne comprenons pas. L'État est suffisamment puissant pour parvenir à ses fins : s'il réussit à vous effrayer, il vous contrôle. C'est ce que nous constatons en Europe où la migration massive des populations du Moyen-Orient a semé le trouble, comme aux États-Unis, où Donald Trump, alors candidat à la présidence, a déclaré au Mexique – un État souverain – qu'il allait construire un mur entre les deux pays et le contraindre à en payer les frais. Cette situation est désormais très courante.

Ainsi que nous avons pu le constater ces dernières années, il est extrêmement facile de diviser les hommes. Par contre, une fois le clivage réalisé, il devient très difficile de les rassembler à nouveau. Et lorsqu'il est possible de le faire, cela nécessite une action militante très engagée, des personnes qui refusent d'accepter l'idée d'une différence entre les hommes, et qui sont capables de s'élever contre les gouvernements.

On parle du terrorisme des musulmans, de Daech, de Boko Haram et des Somaliens, mais qu'en est-il du terrorisme d'État ? Lorsque mon pays utilise des drones contre des nations avec lesquelles il n'est pas en guerre, pour moi il s'agit d'actes terroristes.

PeaceJam s'attaque à ce qui nous sépare dans notre monde contemporain. Cette organisation fonctionne comme un puissant outil pour tenter de réduire les clivages et changer le sentiment d'isolement et de haine. Je suis persuadée que, si nous voulons promouvoir le changement, nous devons aider les jeunes. Les hommes et les femmes doivent comprendre que nous avons des responsabilités humaines autant que des droits. Si nous ne nous battons pas pour être les acteurs du changement, alors nous sommes complices. Comme je le dis fréquemment à mes étudiants, se plaindre auprès d'amis d'événements qui nous semblent injustes n'est pas une stratégie de changement. Le PeaceJam de Bruxelles dont je viens de vous parler est le premier à être implanté en Europe. Notre projet est de le développer dans tout le continent européen et de faire en sorte qu'il touche les tranches d'âge allant de 5 à 25 ans. J'ai même organisé un PeaceJam dans une maternelle. J'ai eu affreusement peur. Il était difficile de trouver les mots justes face à ces tout petits enfants.

Apporter le changement à tous

La nuit dernière, nous sommes allés dans le quartier bruxellois de Molenbeek où nous avons organisé une réunion avec quinze jeunes gens et jeunes femmes. Ils me ressemblaient : ils veulent agir pour améliorer l'état du monde. Ils sont en train d'établir des projets tels qu'amener du matériel de sport en Côte d'Ivoire afin de pouvoir travailler avec les jeunes Ivoiriens. Bien qu'étant confrontés à la discrimination et à l'isolement, ils parviennent à dépasser leurs intérêts personnels et leur appartenance à la communauté musulmane belge. Ces jeunes gens se considèrent comme des citoyens du monde ; ils agissent pour nous démontrer que nous sommes tous semblables. Peu importe que nous soyons noirs, blancs, rouges, jaunes ou bruns, ou que nous venions d'Afrique, des États-Unis ou de l'Inde. Nous désirons tous les mêmes choses.

Les êtres humains ont recours à la violence lorsqu'ils estiment qu'ils n'ont pas d'autre choix et que personne ne les écoute. Les gouvernements doivent entendre le discours des jeunes et agir en conséquence. Il ne s'agit pas d'un numéro de cirque ! On ne doit pas laisser les gouvernements avoir recours aux ONG seulement lorsque cela les arrange. Si l'on veut engendrer un changement pour tous, il faut nécessairement instaurer un authentique partenariat entre le gouvernement, la société civile et les organisations internationales.

Je désire ce changement pour tous, y compris pour ceux que je « déteste ». Je ne suis pas mère Teresa. Mais, pour moi, le précepte « Aime ton prochain comme toi-même » implique véritablement de ne pas le tuer. Vous n'avez pas à l'inviter à dîner chez vous, mais vous devez accepter et respecter son mode de vie.

Dialogue entre le Dalaï-Lama, les intervenants et le modérateur

UWE JEAN HEUSER : Jody, outre votre rôle dans PeaceJam, vous avez mené l'une des campagnes les plus impressionnantes pour éradiquer des armes très destructrices, les mines antipersonnel terrestres, et vos efforts ont été couronnés de succès. Pourriez-vous nous dire ce que vous avez fait pour accomplir ce changement ?

JODY WILLIAMS : Durant cette campagne contre les mines antipersonnel terrestres, nous avons fait des évaluations et nous avons aidé des personnes à comprendre comment mettre en place un mouvement mondial. Notre campagne a commencé par deux organisations, l'une aux États-Unis et l'autre en Europe. Ce qui m'a permis d'appeler ce mouvement « Campagne internationale pour interdire les mines terrestres » ; c'était un moyen indispensable à son développement. Nous sommes parvenus à mener des campagnes dans 90 pays et travaillons aujourd'hui en partenariat avec 1 300 ONG.

Nous avons mis au point un cadre opérationnel annuel dans lequel nous fixons nos objectifs de campagne, mais nous n'avons jamais obligé aucun membre à s'y conformer. Par exemple, si nos partenaires cambodgiens estimaient que, telle année, un événement ou une activité programmée avait un sens pour eux, ils y participaient. Si cela ne signifiait rien, ils s'abstenaient. Cette attitude a permis au mouvement de demeurer fluide et souple, tout en préservant la clarté de notre message et le but vers lequel nous tendions.

Au cours de la campagne elle-même, nous avons combattu pour ratifier un traité et exigé que les États donnent de l'argent pour désamorcer les mines qu'ils avaient eux-mêmes vendues, données ou installées. Nous avons également demandé de l'argent pour aider les survivants des accidents provoqués par les mines. Les gouvernements ont jusqu'à maintenant versé des milliards de dollars grâce à la société civile qui leur a dit : « Ça suffit. Nous n'allons pas rester sans rien faire et laisser ces mines continuer à tuer des gens. » Car elles demeurent mortelles pendant une centaine d'années après la fin d'une guerre.

Nous n'avions pas une structure de gouvernance très rigide, ce qui nous a donné davantage de puissance. Lors de cette campagne, chacun contribuait en déployant ses propres talents. Certaines femmes excellaient dans la création de slogans. En cinq mots, elles pouvaient résumer l'essentiel des débats sur les mines terrestres. D'autres ont organisé d'incroyables manifestations. Par exemple, lors d'une réunion, nous avons exposé des piles de chaussures qui représentaient les victimes ayant perdu une jambe et qui n'avaient donc plus besoin d'un second soulier. Certains de nos participants étaient de remarquables rédacteurs, d'autres de brillants orateurs.

Cette campagne n'était pas un concours d'ego, ce qui, à mes yeux, explique en partie son succès.

Le fait que cette campagne d'interdiction des mines terrestres se poursuive ajoute à sa réussite qui a débouché sur le traité de contrôle des armes le plus fécond de l'histoire. Nous avons des réunions avec les gouvernements tous les ans ; s'ils ne tiennent pas leurs engagements, nous les rappelons gentiment à l'ordre. Au cours des discussions avec mes interlocuteurs, j'ai refusé de m'adresser à eux en tant que représentante d'une instance officielle particulière. J'avais l'habitude de leur dire : « Enlevez votre uniforme militaire, votre tenue de diplomate, et pensez aux propos que nous échangeons en imaginant que votre propre famille vit au milieu d'un champ de mines. » Comme il nous était impossible de faire venir ces dirigeants sur un champ de mines au Cambodge, nous en avons installé un sur les lieux de nos rencontres en mettant des capteurs devant les portes de la salle de réunion. Si, en franchissant les portes, vous touchiez le mauvais capteur, cela déclenchait un effroyable bruit d'explosion.

Je pense sincèrement que, si l'on veut instaurer un changement, le point le plus important consiste à convaincre les hommes et les femmes que nous avons tous du pouvoir. Nous avons le choix de l'utiliser ou de nous taire ; dans ce cas, nous abdiquons ce pouvoir en le confiant à des gens qui, eux, ont la volonté de le mettre en œuvre. Si vous avez le sentiment d'être dépourvu de toute autorité, vous allez rester assis à ne rien faire, à ressasser votre sentiment d'échec.

Uwe Jean Heuser : Theo, le pouvoir individuel et son utilisation positive constituent aussi l'une de vos préoccupations. De nombreuses personnes détiennent un énorme pouvoir, y compris dans le domaine économique. Certaines l'utilisent pour changer le monde, comme Melinda Gates, tandis que d'autres choisissent de spéculer sur le prix des denrées alimentaires au niveau mondial afin de gagner encore plus d'argent. Que pouvons-nous faire afin que davantage d'hommes, y compris des acteurs importants dans la sphère économique, utilisent leur autorité pour créer une économie plus altruiste ?

Theo Sowa : À mon avis, il est important que les gens prennent tout d'abord conscience de leur propre pouvoir et décident de l'utiliser. Je pense qu'en ce monde nous avons parfaitement réussi à minimiser la conscience qu'ils ont de leur pouvoir personnel. Et pourtant, lorsqu'il est utilisé à des fins positives, le résultat est vraiment extraordinaire.

Lorsque nous parlons de philanthropie, nous avons tendance à penser aux gens célèbres, aux donateurs très en vue. Je me réjouis que Bill et Melinda Gates réinvestissent leur argent dans la communauté, parce que nombre de gens très riches ne donnent pas un centime. Nous devons toujours féliciter toutes les personnes qui font des dons. Et pourtant, les gens simples donnent probablement une part plus importante de leurs revenus que certaines célébrités auxquelles nous faisons allusion.

En Angleterre, il existe une campagne appelée *Comic Relief* qui recueille auprès du public britannique 60 à

100 millions de livres sterling tous les deux ou trois ans. Cet argent provient de gens modestes qui donnent cinq livres par-ci, une livre par-là. Les enfants vont dans leur école, affublés de nez rouges, et obtiennent une livre de leurs professeurs. La contribution des personnes qui donnent cinq livres représente en fait un pourcentage beaucoup plus important de leurs revenus que celui de donateurs tels que Mark Zuckerberg, Warren Buffet ou toute autre célébrité.

Mon véritable effort porte sur le point suivant : comment donner davantage de visibilité aux actions positives que de nombreuses personnes font tous les jours, dans les circonstances les plus diverses ? Comment faire comprendre l'importance que représentent cinq livres sterling pour un homme ayant quatre enfants et vivant dans des conditions qui n'ont rien à voir avec l'existence d'un multimillionnaire ? Une partie de la réponse consiste à apprendre à mieux écouter. Il nous faut considérer avec respect les idées des autres, leurs défis et leur conception des choses. Je pense que, si nous agissons tous ensemble, nous pouvons faire en sorte que la majorité des citoyens de ce monde fassent appel à leur propre pouvoir et l'utilisent pour le bien d'autrui. Cela nous permettra de contraindre les dirigeants à adopter les mesures les plus difficiles, celles qu'ils ont refusé de prendre en compte jusque-là. Il est parfois plus facile de simplifier les choses en disant : « Vous faites ceci. Vous faites cela. Je sais ce qui est bon pour vous, et c'est comme ça que nous allons progresser. » C'est beaucoup moins compliqué et moins chaotique que de laisser s'exprimer des millions d'idées et de dire aux gens : « D'accord. Utilisons cette énergie, mais pour qu'elle soit constructive nous devons tous travailler ensemble, ce qui nous permettra d'écarter ceux qui détiennent les leviers du pouvoir sans en faire un usage constructif. »

Uwe Jean Heuser : Paul, vous avez mentionné le problème des inégalités qui ont acquis récemment une dimension insupportable. Comment pouvons-nous les réduire ?

Paul Collier : Je pense que nous faisons face à deux défis très différents. Le défi sur lequel j'ai passé ma vie à travailler se pose ainsi : comment les pays les plus pauvres peuvent-ils rattraper les nations les plus riches ? C'est un combat titanesque auquel on ne s'est pas vraiment attelé. Durant les dix prochaines années, je pense que cela va prendre une tournure beaucoup plus grave. De nombreux pays, qui comptent pourtant parmi les plus pauvres, ont connu une très bonne décennie. Les prix de leurs exportations ont augmenté pendant un certain temps mais, maintenant, ils sont à nouveau retombés. C'est la fin des bonnes nouvelles ; les efforts pour combler leur retard au cours de la prochaine décennie seront vraiment difficiles. Nous devons adopter une approche plus sérieuse et plus ciblée envers les pays les plus défavorisés. J'essaie actuellement de travailler avec les États membres du G20. La prochaine réunion du G20 aura lieu en Allemagne. Il existe de fortes chances que ces pays prennent vraiment l'initiative d'aider l'Afrique à accroître ses investissements afin de lui permettre de rattraper son retard économique.

Je pense que le problème des inégalités à l'intérieur des pays est d'un tout autre ordre. Ces vingt dernières années, nous avons constaté que de nombreux pays pauvres ont commencé à rattraper leur retard, alors qu'au sein des États les plus riches les inégalités se sont accrues. Donc, si les écarts de richesse au niveau mondial ont décru, ceux qui prévalent dans les pays développés ont augmenté.

Au XIXe siècle, et pendant très longtemps, la société a établi une distinction entre les pauvres « méritants » et les pauvres « non méritants ». Nous savons désormais que cette catégorisation est erronée. Les gens pauvres ne sont pas responsables de leur pauvreté et, même dans les rares cas où ils le seraient, ils ont besoin d'aide. Ils requièrent attention et compassion. Je suis parvenu à la conclusion que la distinction entre « méritants » et « non méritants » s'applique davantage aux riches, parce que nombre de gens aisés n'ont pas amassé leur fortune en en faisant bénéficier les autres. Ils ont gagné leur argent par le biais de ce que les économistes ont baptisé la « maximisation de la rente ». Ce que les gens ordinaires appellent « pillage ». Nous n'avons pas encore clairement établi une distinction nette entre ces deux notions. Il y a des innovateurs et des entrepreneurs dont le travail a bénéficié à de nombreuses personnes et qui se sont, à juste titre, enrichis. En revanche, il y a des hommes d'affaires qui gagnent de l'argent en étant plus malins que d'autres. Le secteur financier, qui se caractérise par la maximisation de l'argent, s'est développé rapidement au cours de ces vingt dernières années. Nous avons tous de l'argent dans des fonds de pension gérés par des gens ordinaires qui ne sont pas aussi malins que les financiers les plus rusés qui, eux, pillent ces fonds et dupent leurs gestionnaires. Ils s'enrichissent à nos dépens. Nous n'avons pas encore traité ce problème de façon satisfaisante.

Uwe Jean Heuser : Dennis, le gouvernement intervient dans le cadre d'actions destinées à responsabiliser le secteur financier et à différencier les biens honnêtement acquis des richesses frauduleuses. Selon votre conception, l'État est-il appelé à jouer un rôle ?

Dennis Snower : Oui, il a plus que jamais un rôle à jouer. Dans les modèles économiques classiques, le gouvernement est l'institution qui offre les incitations financières destinées à convaincre les gens de faire ce qu'ils ne feraient pas sans ces perspectives de gain. Selon une compréhension plus positive du monde, inspirée par l'économie altruiste, le gouvernement propose des structures qui incitent des individus soit à s'investir dans un comportement altruiste et coopératif, soit dans une attitude de clivage. Nous espérons que l'une des conséquences de notre analyse sera d'alerter les hommes lorsqu'un État tente de les diviser, ou lorsqu'il essaie, au contraire, de les rassembler dans un cadre national ou international. Ce point est très important car nous vivons aujourd'hui dans un monde économiquement intégré mais socialement fragmenté. Le point essentiel est le suivant : ce sont les hommes qui élisent la classe politique ; donc, s'ils sont divisés, le gouvernement élu reflétera et exploitera cette fragmentation sociale.

Le grand défi auquel nous faisons face est de savoir comment faire passer le message de l'altruisme auprès des électeurs. À cette fin, l'État peut proposer des procédures. Toutefois, les électeurs doivent être parfaitement conscients des opportunités qu'offrent l'inversion des rôles (le fait de se mettre à la place de l'autre) et la possibilité de bâtir une maison commune, tout autant que des écueils qui peuvent déboucher sur des conflits.

Certaines personnes se considèrent parfois comme des victimes. Le principal défi est de les amener à reconnaître et à surmonter cette victimisation, et à ne pas répondre au mal par le mal, afin de prévenir les cycles de violence que déclenche ce type de sentiment.

L'économie conventionnelle ignore totalement ces problèmes, car elle ne se préoccupe que de l'intérêt personnel. Elle ne se soucie absolument pas d'apporter le bien-être aux autres ou de leur nuire. Toutefois, notre analyse nous permet d'aider les États à acquérir une plus grande capacité à influer sur notre avenir – ce qui n'était pas concevable auparavant. En effet, ils sont désormais en mesure d'établir des institutions nouvelles, d'identifier les histoires culturelles communes et les règles qui permettent de rapprocher les hommes, mais aussi de proposer des cadres qui favorisent la coopération entre les citoyens.

UWE JEAN HEUSER : Nous vivons dans un monde où nous disposons de connaissances beaucoup plus approfondies sur les capacités d'altruisme des êtres humains et leurs facultés d'interrelation. Les bouddhistes connaissent ces valeurs depuis très longtemps. De nos jours, elles exercent une influence sur la pensée économique. Et pourtant, il semble bien que le monde se dirige toujours dans la direction opposée. En effet, on constate qu'il y a de plus en plus d'inégalités à l'intérieur même des pays, une compétition féroce et des marchés financiers qui deviennent complètement fous. Alors, comment pouvons-nous inverser cette situation ? Comment pouvons-nous utiliser les connaissances que nous avons acquises pour orienter le monde vers davantage d'altruisme ? Comment effectuer ces changements au niveau intérieur et extérieur ?

Le Dalaï-Lama : Toutes les grandes religions mettent l'accent sur la pratique de la compassion et de l'amour en utilisant différentes approches. Selon le bouddhisme, et plus particulièrement dans la tradition de Nalanda*, nous mettons l'accent sur le recours systématique à la raison, alors que, selon d'autres écoles philosophiques, la volonté et le désir ardent de pratiquer la compassion ont pour source première la foi inspirante.

Chaque fois que je rencontre des journalistes, je leur expose mes trois engagements : promouvoir le sentiment d'unité entre les êtres humains, instaurer l'harmonie religieuse et préserver l'environnement et le riche héritage culturel du Tibet qui représente à mes yeux une culture de paix, de non-violence et de compassion. Je leur rappelle souvent la responsabilité et le rôle important qu'ils peuvent exercer afin de favoriser le sentiment d'unité de l'humanité et l'harmonie religieuse. Lorsque les médias ne rendent compte que de meurtres, de viols et de corruption, les gens ont l'impression que la nature de l'homme est profondément négative, alors qu'en fait notre nature est

---

* Voir note, p. 23.

essentiellement positive. Il est important que les médias partagent davantage nos valeurs intérieures et ne se contentent pas de rapporter les seuls aspects tragiques de la réalité. C'est ainsi que nous pourrons parvenir à un meilleur équilibre et envisager l'avenir sous un jour meilleur et plein d'espoir.

Notre système éducatif actuel est dominé par des valeurs extérieures. On a longtemps considéré dans le passé qu'il incombait à la religion d'inculquer les valeurs intérieures. Néanmoins, aujourd'hui, que nous soyons croyants ou non croyants, nous faisons tous partie d'une plus grande entité. Si nous voulons que l'humanité recueille des bienfaits optimaux, nous devons améliorer notre système éducatif en y introduisant des principes moraux dès le jardin d'enfants et jusqu'à l'université, de telle sorte que nous contribuions au bien-être général des personnes, des familles, des communautés et du monde dans sa totalité. À l'heure actuelle et dans notre système éducatif laïc, il nous faut adopter une manière d'enseigner les valeurs humaines fondamentales et l'éthique de façon plus ouverte et plus univers J'espère que, d'ici à l'an prochain, nous aurons l'ébauche d'un programme d'éducation laïc qui mettra l'accent sur l'enseignement de ces valeurs universelles. C'est l'éducation qui constitue le fondement de notre espoir, et non pas la prière.

Un jour, dans l'État indien du Bihar, j'ai été invité par le ministre en chef à la cérémonie d'inauguration d'un temple bouddhiste. À cette occasion, le ministre a exprimé le souhait qu'avec la bénédiction du Bouddha son État qui était très pauvre puisse prospérer rapidement. Je lui ai répondu : « Si la bénédiction du

Bouddha pouvait contribuer à la prospérité de votre État, elle l'aurait fait depuis longtemps, parce que cela fait environ 2 500 ans qu'elle existe ! » Puis j'ai poursuivi en disant : « Cette bénédiction doit être remise entre les mains du très compétent ministre en chef. »

Le rôle du gouvernement est très important. Afin de choisir un bon dirigeant, il faut être bien informé et, à cet égard, les médias jouent un rôle crucial. L'éducation nous permet de réduire les menaces éventuelles et d'accroître la part de l'altruisme dans nos sociétés.

Le temps est venu de promouvoir la compassion et l'amour entre les hommes. Les femmes ont un rôle particulier à jouer dans ce domaine et je leur demande d'avoir confiance en elles-mêmes et de faire un effort en ce sens. En tant que femmes, votre sens inné de la compassion et de l'humilité vous donne le pouvoir d'aider tous les êtres. Ma mère, qui m'a témoigné une authentique affection, a été le premier maître à m'enseigner la compassion. Mes frères et sœurs et moi-même, nous ne l'avons jamais vue en colère. Son visage était toujours paisible et débordant de compassion. Mon père était très coléreux ; il me donnait de temps à autre des « bénédictions » corporelles, ce qui m'a inspiré des sentiments beaucoup plus négatifs envers lui.

Chacun de nous a la responsabilité de faire des efforts pour changer le monde. Ce changement commence au niveau de chaque être humain. Lorsque je considère les problèmes auxquels l'humanité fait face, j'entends parfois des gens dire : « Je n'ai pas la capacité d'instaurer des changements. » Mais alors, qui commencera ? Est-ce que nous commencerons par prier Dieu ? Il m'arrive de dire en plaisantant : « Les musulmans prient Allah, les chrétiens Jésus-Christ et les bouddhistes adressent leurs prières au Bouddha pour qu'ils restaurent la paix sur cette planète. Si nous avions l'occasion de rencontrer en personne Mahomet, Jésus-Christ ou le Bouddha pour leur demander de faire régner la paix sur terre, je pense que leur réponse serait la suivante : "Qui a détruit la paix ? Qui a créé la violence ? Ce n'est ni le Bouddha, ni Jésus-Christ, ni Allah." Non. *Nous* sommes responsables. »

Rabbi Awraham a expliqué que, lors de la création, Dieu a attribué aux hommes le pouvoir de la responsabilité, mais que certains anges ont objecté que ce serait trop dangereux. Cette interprétation me semble très juste. Il y a quelques années, l'un de mes amis indiens, un homme très pieux, m'a demandé avec beaucoup de sérieux et de sincérité : « Si Dieu a créé l'humanité tout entière et s'Il est compatissant, pourquoi existe-t-il des êtres malfaisants dans sa Création ? » La seule réponse que j'aie pu lui fournir a été la suivante : « Puisque Dieu a créé également l'enfer, il doit y avoir des gens qui méritent de s'y rendre. Sinon, sa Création n'aurait pas de sens. » En fait, nous sommes responsables de tous les problèmes créés par l'homme. Nous avons la responsabilité et la faculté logique de les résoudre ; mais certainement pas par des prières ! Dans ce contexte, je suis vraiment très sceptique quant au pouvoir de la prière et des bénédictions.

Je demande à chacun d'entre vous de réfléchir à la manière dont vous pourriez contribuer à la création d'un monde meilleur.

CINQUIÈME PARTIE

Engagement personnel et responsabilité mondiale

En cette cinquième et dernière partie, Olafur Eliasson nous présente l'art comme un vecteur capable de susciter des expériences directes, personnelles, mais aussi d'illustrer les problèmes sociaux et environnementaux. Scilla Elworthy nous fait part du travail considérable qu'elle effectue pour empêcher une guerre nucléaire, de ses plans de développement pour la paix, tout en insistant sur le fait que chacun de nous peut contribuer à l'instaurer dans ce monde. Frédéric Laloux nous éclaire sur les nouvelles formes d'organisation qui sont en train d'émerger, entreprises autogérées, transparentes et collaboratives.

Theo Sowa est la modératrice de cette cinquième partie. Elle est présidente de l'African Women's Development Fund au Ghana, conseillère indépendante et consultante en développement social international.

Chapitre 17

L'art en tant que force de changement social

Olafur Eliasson

Olafur Eliasson a recours à une large gamme de supports : installations, peintures, sculptures et photographies. Ses expositions se sont tenues dans de nombreux musées du monde entier, au Museum of Modern Art de New York, à la Tate Modern de Londres et à la biennale de Venise. Eliasson est le fondateur de Little Sun (Petit soleil), une entreprise sociale qui produit des lampes solaires destinées à des communautés qui n'ont pas accès aux réseaux électriques.

La sphère que j'ai créée pour la conférence intitulée « Pouvoir et altruisme » est alimentée par un petit panneau solaire situé sur le toit (photo 17.1). Cette sphère est en fait éclairée par le soleil. Il ne s'agit pas d'une lumière fonctionnelle ni d'une solution pragmatique : c'est une histoire émotionnelle à propos de la lumière et du pouvoir qui se situent à l'extérieur de cette salle. Quand je parle du monde, je pense qu'il est important de l'expliquer non seulement en termes fonctionnels et concrets, mais aussi en termes émotionnels et non quantifiables.

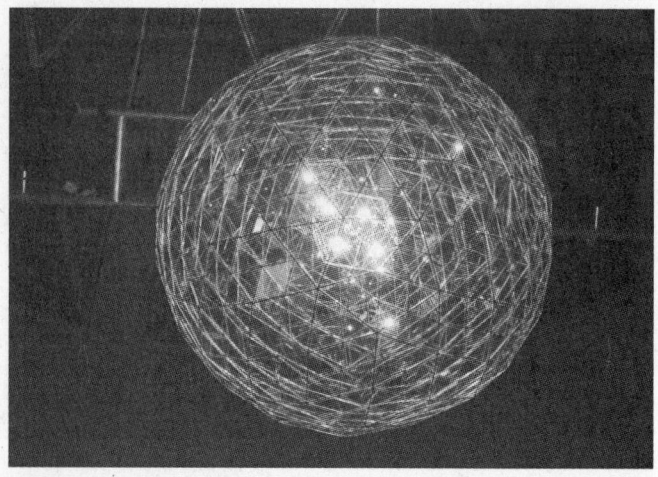

17.1. *Care and Power Sphere*, 2016, œuvre d'art installée lors de la conférence « Pouvoir et altruisme ». (Photo : Petter Hoff / Studio Olafur Eliasson)

Un art qui accueille une grande diversité

En tant qu'artiste, j'ai longtemps été intéressé par la question de savoir quels types d'espace et quelles formes d'art pouvaient accueillir la plus grande diversité d'expressions. Cette installation (photos 17.2a et 17.2b) qui ressemble à un soleil, exposée à la Tate Modern à Londres il y a treize ans, invitait les gens à devenir eux-mêmes partie intégrante de l'œuvre d'art. Au lieu de présenter un art que l'on accroche au mur ou que l'on pose au sol, je propose qu'il devienne lui-même un espace à part entière, à tel point qu'il soit

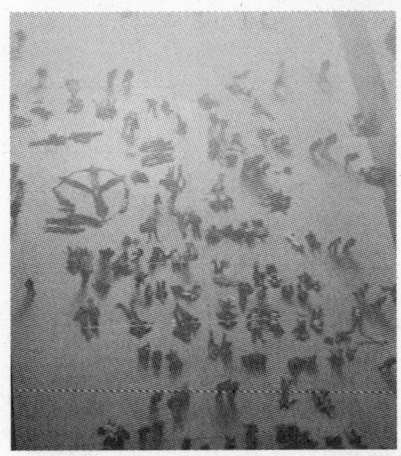

17.2a et 17.2b.
The Weather Project, 2003, œuvre *exposée* à la Tate Modern.
(Photographe inconnu)

impossible pour le spectateur de se dissocier lui-même de ce qui relève de l'art et de ce qui n'en relève pas.

Cette conception a permis aux visiteurs de faire toutes sortes d'expériences. L'exposition a accueilli plus de deux millions de visiteurs qui ont, pour beaucoup d'entre eux, saisi cette occasion pour s'exprimer personnellement. Ce qui était intéressant, c'est qu'ils ont partagé cet espace tout en reconnaissant qu'ils ne faisaient pas la même expérience. Ce qui rend compte du fait que vous et moi ne sommes pas totalement d'accord sur ce que nous voyons, mais que ce désaccord peut magnifier notre amitié. Dans un monde où la plupart des espaces semblent être le théâtre où s'affrontent des arguments antagoniques qui obligent l'une des parties à quitter le lieu, les espaces de culture donnent aux gens la possibilité d'être ensemble sans devoir pour autant tomber d'accord sur tout. Dans ce sens, l'art est une grande ressource.

17.3. *Beauty*, 1993.
(Photo : Poul Pedersen)

Cette œuvre d'art (photo 17.3) est un arc-en-ciel. D'où viennent les arcs-en-ciel ? Le soleil joue un certain rôle, tout comme l'eau, mais l'œil nous est également nécessaire. On peut aussi affirmer que l'effort de l'œil coproduit l'arc-en-ciel. On sait aussi, d'un point de vue scientifique, que si l'on se trouve à deux endroits différents on ne voit pas le même arc-en-ciel. Donc, bien que nous fassions la même expérience et que nous partagions la même compréhension, nous ne voyons pas le même phénomène, parce que celui-ci dépend de notre vision oculaire. Lorsque je montre cet arc-en-ciel aux visiteurs, ils ont tendance à plonger leurs mains dedans. Bien qu'ils sachent parfaitement que c'est de l'eau, ils s'exclament : « Oh, je suis mouillé ! » Tout se passe comme si l'esprit et le corps étaient dissociés jusqu'au moment où ils touchent réellement l'eau.

On pourrait élargir cette idée de l'arc-en-ciel à une conception plus vaste, architecturale ou urbaine, qui inviterait les gens à se mouvoir dans ce déploiement de lumière et d'eau jusqu'à le devenir. Si vous marchez dans un espace vert, vous vous trouvez dans un monde de la même couleur. Le mouvement est nécessaire au changement de couleur ; si vous décidez de ne pas bouger, elle ne changera pas (photo 17.4).

Dans un projet présenté en 2005 en Albanie, à la biennale de Tirana (photos 17.5a et 17.5b), j'ai invité les visiteurs à venir partager ce que pourrait être la construction d'une société en travaillant avec des pièces de Lego disposées sur une grande table, dans le but de créer le plan d'une ville. Au bout de quelques jours, un jeune garçon qui vendait des cigarettes à la sauvette dans la rue est venu autour de la table. Le policier qui,

17.4. *Your Rainbow Panorama*, 2006-2011. (Photo : Thilo Frank / Studio Olafur Eliasson)

en temps normal, pourchassait ce garçon s'est retrouvé au même endroit, à discuter avec lui de la façon dont on devrait construire une maison.

Au cours de ma démarche, qui a pour but d'accueillir la diversité dans l'art, au fil des années, j'ai été amené à travailler avec de nombreux scientifiques et mathématiciens expérimentaux. À la fin des années 1990, j'ai été très inspiré par la phénoménologie (photo 17.6), ce qui m'a permis de rencontrer Francisco Varela, Michel Bitbol et Evan Thompson. Cet intérêt m'a amené à collaborer plus étroitement avec des scientifiques. Certaines de nos expérimentations ont été réussies, d'autres non.

17.5a et 17.5b.
The Collectivity Project,
2005 : construire
une nouvelle société
civile à Tirana, Albanie.
(Photo : Aibes Fusha)

17.6. *Model Room*, 2003. Cette image montre le studio d'Olafur pendant qu'il travaillait sur des projets inspirés par la phénoménologie. (Photo : Jens Ziehe)

Un art qui permet d'accéder au monde

Élaborer des modèles du monde revient, par bien des aspects, à le rendre accessible au public. Lors de la COP 21 à Paris, des politiciens, des scientifiques et des statisticiens se sont retrouvés pour discuter du changement climatique. Bien que ces rencontres soient très importantes, le public qui n'y participe pas directement peut se sentir coupé des débats. Les gens se disent peut-être : « Qu'est-ce que j'en sais ? La glace du Groënland, c'est si loin. » J'ai donc conçu l'idée de montrer la glace du Groënland à Paris, au centre de la capitale ; les gens pouvaient la regarder, marcher dessus, et se relier immédiatement, par le toucher, à ce qu'est un glacier groenlandais (photo 17.7).

Pour réaliser cette installation, nous avons fait venir par bateau 80 tonnes de glace à Paris. Ce qui nous a permis de rendre accessible à nombre de gens, et en une seconde, l'histoire émotionnelle et non quantifiable du discours scientifique sur le changement climatique (photo 17.8). Ici, notre avenir est bien sûr le thème central, et les images montrent qu'il y a de multiples façons de toucher la glace.

L'art instaure un sentiment d'inclusion

Qu'il s'agisse d'une pièce de théâtre, d'une œuvre littéraire, d'un film ou d'un morceau de musique, l'art vous permet d'avoir une expérience soudaine qui vous fait dire : « Je connais ce sentiment. C'est moi. » Dans ce cas, il renvoie à un besoin émotionnel inconscient qui n'avait pas encore été reconnu. « C'est comme si cette œuvre d'art m'avait vu. Elle parle en mon nom. Elle exprime ce que je veux dire, ce qui signifie qu'après tout je ne suis pas si mauvais que ça. Ça va. Je suis assez bon. Je suis allé dans un musée non pas pour voir de l'art mais pour que celui-ci me voie. » Lorsque les gens sortent d'une exposition, ils ont l'impression que l'art leur a renvoyé une certaine image d'eux-mêmes.

Le mot « inclusion » est très profond. Je pense que la culture possède un pouvoir d'inclusion effectif à de nombreux niveaux. Au niveau de l'altruisme, il reflète les besoins émotionnels des gens, de sorte qu'ils se disent : « Je fais partie de la société civile. Je peux faire partie de la confiance civique. »

17.7. *Ice Watch*, 2015 : blocs de glace du Groënland lors de la COP 21. (Photo : Martin Argyroglo)

17.8. *Ice Watch*, 2015 : des enfants parisiens se familiarisent avec la glace du Groënland. (Photo : Martin Argyroglo)

La création de ces petites lampes, appelées *Little Sun* (Petit soleil), alimentées par des panneaux solaires, m'a permis d'associer le pouvoir et l'altruisme (photo 17.9). D'une part, elles apportent une aide matérielle pratique. Ce sont des éclairages à LED. D'autre part, grâce à ce projet, je me sens relié aux autres et interdépendant. Ces lampes captent la lumière des rayons solaires, ce qui me donne l'impression d'avoir ma propre centrale électrique. J'éprouve un sentiment de puissance.

17.9. Lampe Little Sun alimentée par l'énergie solaire. (Photo : María del Pilar García Ayensa / Studio Olafur Eliasson)

La lumière ne représente pas seulement un progrès matériel : elle relève aussi du bonheur. Elle contribue à mon sentiment intérieur de bien-être ; par exemple, lorsque mes journées me donnent l'occasion de faire des choses non quantifiables, telles que lire, réunir des amis ou danser. Les deux photos suivantes montrent ces lampes solaires dans une salle de classe à Paris (17.10) et dans une école en Afrique du Sud (17.11). En essayant de créer un langage susceptible de nous unir, de communiquer des sentiments que nous partageons tous, il m'est venu l'idée d'apporter la lumière dans des endroits où les gens n'avaient pas accès à l'énergie. Dans le monde, un milliard de personnes en sont privées, c'est-à-dire un être humain sur sept. Cela signifie qu'elles doivent utiliser des huiles dérivées du pétrole ou de combustibles fossiles comme sources d'énergie, ce qui est préjudiciable pour le climat et pour la santé. Ces lampes remédient à cette situation en apportant une alternative abordable au niveau local.

17.10. Élèves tenant des lampes Little Sun à Paris. (Photo : Max Riché)

17.11. Étudiants tenant des lampes Little Sun en Afrique du Sud. (Photo : Tim Feherty)

Au Népal, juste après le tremblement de terre de 2015, un immense effort a été entrepris pour fournir de l'énergie lorsque les centrales électriques se sont effondrées et que le courant a été coupé. Ces lampes ont permis de travailler de nuit ; elles ont également apporté le réconfort de la lumière dans un moment de profondes ténèbres (17.12).

17.12. Lampes Little Sun éclairant une nuit noire au Népal, peu de temps après le tremblement de terre. (Photo : Little Sun)

Theo Sowa : Merci beaucoup, Olafur, d'avoir si bien réussi à intégrer l'art et la culture aux thèmes du pouvoir et de l'altruisme, mais aussi pour votre capacité à apporter un changement tangible.

Le Dalaï-Lama : C'est une très belle présentation. En tant que pratiquant bouddhiste, je la trouve très différente d'un exposé scientifique fondé sur des données académiques. C'est très beau. Je pense que votre travail prouve que votre cerveau est très créatif, ce qui est positif.

Chapitre 18

Trouver une solution pour mettre fin à la guerre

Scilla Elworthy

Scilla Elworthy, titulaire d'un doctorat en sciences politiques, a fondé l'Oxford Research Group (Groupe de recherches d'Oxford) en 1982, afin d'instaurer un véritable dialogue entre les dirigeants des puissances nucléaires dans le monde et leurs opposants. Sa candidature a été proposée à trois reprises pour le prix Nobel de la paix.

Votre Sainteté, j'aimerais vous faire part de ce qui me passionne actuellement, tant au niveau de mes engagements personnels que de mes responsabilités sur le plan mondial.

S'efforcer de prévenir une guerre nucléaire

Depuis une quarantaine d'années, mon travail implique que je passe des centaines d'heures, voire des milliers, à écouter ceux qui détiennent un immense pouvoir sur les armes nucléaires et à discuter avec eux. Mes interlocuteurs sont les constructeurs d'ogives nucléaires et les laboratoires, les stratèges du déploiement de ces armes, les militaires, les services de renseignement, ceux qui justifient la détention de ces armes, ceux qui signent les chèques et, enfin, les dirigeants politiques qui ont la terrible responsabilité d'appuyer sur le bouton. J'ai ainsi recueilli les témoignages d'hommes issus de toutes les nations possédant des armes nucléaires : l'Angleterre (mon propre pays), la France, la Chine, les États-Unis, la Russie, l'Inde, le Pakistan et Israël. Je n'ai eu aucun entretien avec un responsable de la Corée du Nord. J'ai commencé mon travail de terrain en 2001, avec des personnes qui risquaient tous les jours leur vie afin que d'autres ne soient pas tués dans les points chauds du globe, en Colombie, au Congo, au Zimbabwe, au Sri Lanka, au Népal et dans le nord-ouest du Pakistan.

Au cours de mes enquêtes, j'ai découvert que tous mes interlocuteurs – la communauté des chercheurs avec laquelle je travaille ainsi que les militaires – ont acquis de telles connaissances sur la prévention de la guerre que nous n'avons en fait plus besoin d'armes. Cela se révèle particulièrement vrai parce que les menaces que l'humanité fait peser sur le monde – le changement climatique, les migrations et même le terrorisme – ne relèvent pas de l'armement. La période dans laquelle nous vivons représente peut-être une phase de l'évolution : le défi pour nous, êtres humains, consiste à développer un niveau de conscience plus élevé et à perfectionner notre manière d'éviter les guerres. J'aimerais toutefois clarifier un point : je ne parle pas de conflit, car le conflit n'est qu'une énergie, qui n'est ni bonne ni mauvaise. Mon propos porte sur la puissance de destruction de la guerre, ses terribles séquelles et ses immenses dommages.

Un plan de développement pour la paix

En ce moment, mes collègues et moi mettons au point un projet qui, au niveau national et international, préconise des actions dans lesquelles les citoyens et les décideurs politiques doivent s'engager afin de prévenir la guerre. Il s'agit d'un plan de développement pour la paix. Lors de l'élaboration de ce plan, nous avons tout d'abord déterminé les raisons pour lesquelles les guerres se perpétuent. Il ne s'agit pas seulement des militaires ni du complexe militaro-industriel dont tout le monde parle et qui, bien entendu, réalise d'énormes profits avec le commerce des armes. Il faut prendre en compte tous ceux qui retirent un avantage d'une situation de conflit en se livrant au trafic d'armes, de drogue et d'argent. Nous devons admettre que ces individus ont un intérêt manifeste à ce que les guerres continuent d'exister. Afin de remédier à ce type de violence, il nous faut comprendre ce que pensent les hommes qui se sont investis dans les luttes armées. C'est la raison pour laquelle j'éprouve de l'intérêt à les écouter et à leur parler.

Depuis vingt-cinq ans, nous avons organisé des dialogues à Oxford, Pékin, New Delhi, Genève et Moscou pour réunir des stratèges responsables du déclenchement des guerres avec des opposants bien informés, c'est-à-dire des gens qui avaient participé dans le passé à la fabrication d'armes, qui en connaissaient tous les rouages, mais qui avaient tourné la page.

Nous possédons beaucoup d'informations sur le prix des armes, mais très peu de détails sur le coût de la prévention des conflits. Lors de notre étude, j'ai découvert qu'un dollar dépensé sur le terrain pour empêcher une guerre équivalait à 1 885 dollars en armement pour mener cette guerre. Selon les derniers chiffres fournis par l'Indice mondial de la paix de l'Institut de recherche international sur les liens entre l'économie et la paix (Institute for Economics and Peace) basé en Australie[*], l'impact économique de la violence armée sur l'économie mondiale représente 13 milliards de dollars. Lors de notre première étude entreprise dans le cadre de notre plan de développement pour la paix, nous avions estimé qu'empêcher la guerre de manière efficace au niveau local, national et international ne coûterait que 2 milliards de dollars.

Comment contribuer individuellement à la paix ?

J'aimerais partager avec vous deux types d'action que tous les citoyens ordinaires peuvent entreprendre afin de contribuer à la paix. Tout d'abord, ils doivent faire pression pour que leurs enfants apprennent à

---

[*] Cet institut australien fondé en 2007 travaille à établir et diffuser une meilleure compréhension des facteurs clés favorables à l'établissement de la paix et à identifier les avantages économiques que l'augmentation et le renforcement de la paix peuvent apporter à travers le monde. *(N.d.T.)*

méditer à l'école. Deuxièmement, il faut que les personnes vivant dans des pays en guerre exigent que leurs gouvernements élaborent des infrastructures nécessaires au rétablissement de la paix. C'est ce qu'a fait Nelson Mandela lorsqu'il a été libéré de prison. Il a créé des comités pour la paix au niveau national et régional, ainsi que dans les villes et les villages. Dans ces comités siégeaient des membres respectés de ces communautés, qui avaient pour tâche d'établir un plan de paix pour elles. La mise en place de telles structures couvrant l'intégralité d'un pays ne coûte que 2 millions de dollars.

LE DALAÏ-LAMA : J'apprécie beaucoup ce que vous venez de nous dire. Votre travail permet à chacun de nous d'accéder à un grand nombre d'informations, de sorte que l'humanité tout entière soit en mesure de prévenir un conflit nucléaire.

Il y a deux ans, une rencontre des lauréats du prix Nobel de la paix devait se tenir dans la ville du Cap, en Afrique du Sud. Le visa m'ayant été refusé, la rencontre s'est tenue à Rome en geste de solidarité. Cette réunion comptait certains lauréats et des représentants de diverses organisations qui travaillaient sur des plans visant à interdire les armes nucléaires. Les spécialistes nous ont expliqué que le déclenchement d'une guerre atomique produirait un hiver nucléaire, appelé holocauste nucléaire. Nous avons tous écouté attentivement cette description effrayante. J'avais alors suggéré d'établir un plan d'action pour bannir les armes nucléaires dans un délai de deux ans. Tous les participants semblaient parfaitement d'accord, et pourtant, il ne s'est rien passé.

Si nous réussissions à faire comprendre le message de non-violence en organisant des discussions menées par des lauréats du prix Nobel de la paix, le problème de l'interdiction de l'armement nucléaire dépasserait le stade de la simple aspiration. Il pourrait devenir un mouvement mondial, capable de mobiliser les masses, les pays et la planète tout entière. Je pense que les Japonais, totalement opposés aux armes nucléaires, rejoindraient ce mouvement. Le continent européen s'y montrerait favorable. Nous avons besoin d'une personne comme vous pour le diriger et appeler différentes organisations à s'y joindre, en incluant les Nations unies et certains gouvernements.

Scilla Elworthy : Les citoyens du monde entier doivent se mobiliser pour signifier aux politiciens qu'il leur est impossible de ne pas agir dans ce sens.

Le Dalaï-Lama : Un pays libre a la possibilité de faire entendre sa voix publiquement et avec force. Et le monde écoutera. Les États-Unis possèdent l'arsenal d'armes nucléaires le plus puissant. Que se passerait-il si ce pays lançait un mouvement de dénucléarisation, puis montrait du doigt la Russie, la Chine et la Corée du Nord ? Dans un premier temps, toutes les grandes nations possédant des armes nucléaires peuvent décider à l'unanimité de faire un pas en avant dans ce sens. Je suis persuadé que notre monde a la possibilité de se libérer des armes nucléaires. La seconde étape consisterait à réduire les armes offensives. Pendant de nombreuses années, j'ai rêvé d'une Force européenne unifiée. Je souhaite que l'Afrique, continent où des États souverains se livrent des guerres meurtrières, inutiles et insensées, se dote d'une organisation similaire.

Si nous pouvons lancer ce mouvement pour la paix et le désarmement, je pense qu'il serait possible, grâce à la pédagogie et à la prise de conscience, de mettre fin à la guerre. À quoi sert la guerre ? Elle n'apporte que la destruction, davantage de souffrance et de détresse. Je suis persuadé que les êtres humains sont doués de bon sens et que leur nature humaine fondamentale est plus compassionnelle qu'on ne le dit.

Tentez, je vous prie, d'informer le public de la gravité de la guerre et du massacre des êtres humains. Insistez, s'il vous plaît, sur les immenses destructions provoquées par l'utilisation des armes. C'est un gaspillage total d'argent. Je ne peux m'empêcher de penser à ces brillants savants qui utilisent leur savoir à des fins destructrices.

SCILLA ELWORTHY : Ils pourraient concevoir des projets qui amélioreraient nos conditions de vie.

LE DALAÏ-LAMA : C'est l'un de mes souhaits les plus profonds depuis de nombreuses années.

Chapitre 19

Le pouvoir et l'altruisme dans les organisations

Frédéric Laloux

Frédéric Laloux travaille comme conseiller, coach et facilitateur pour des dirigeants d'entreprise qui tentent d'explorer de nouvelles formes d'organisation. Le propos de son livre intitulé Reinventing Organizations *est de démontrer que les organisations peuvent fonctionner comme des organismes vivants, en autogouvernance, plutôt que comme des machines obéissant à une stricte hiérarchie. Il est possible d'instaurer ce type d'organisation en faisant appel à une nouvelle forme de conscience en train de se développer actuellement, et qui engendre un nouveau paradigme de gestion beaucoup plus altruiste, ciblé et productif.*

Votre Sainteté, j'aimerais vous parler du pouvoir et de l'altruisme dans les organisations où la plupart des gens travaillent tous les jours : dans les entreprises, les associations caritatives, les écoles et les hôpitaux.

À l'heure actuelle, une nouvelle façon d'exercer le pouvoir et l'altruisme semble émerger dans le monde. Partout, du moins dans nos sociétés occidentales, les gens sont de plus en plus déçus par leur cadre de travail. De plus en plus de gestionnaires quittent leurs entreprises, des infirmières et des médecins délaissent leurs hôpitaux et des enseignants partent de leurs écoles parce que ces établissements et la manière dont le pouvoir y est exercé heurtent leur intégrité personnelle et ne répondent plus à leurs aspirations intimes.

Je pense qu'à bien des égards c'est là un signe positif. Nous assistons en fait au déclin d'un ancien système et à la naissance de nouvelles structures. De nombreux psychologues et philosophes, tels que Robert Kegan, Jenny Wade et Ken Wilber, ont écrit sur l'émergence de cette nouvelle conscience. Elle se développe au niveau individuel, au fur et à mesure qu'un nombre croissant de personnes changent leur façon de percevoir le monde. L'objet de mes recherches s'est concentré sur l'impact de ce nouveau système sur les organisations dans lesquelles nous travaillons.

Les nouvelles structures d'entreprise

J'ai effectué des recherches sur des entreprises fondées ou dirigées par des personnes ayant souvent effectué un travail spirituel ou introspectif. À la lumière de la nouvelle perspective qu'ils avaient ainsi acquise, la manière conventionnelle de structurer et de diriger une organisation n'avait plus de sens. Par conséquent, ils ont tenté de nouvelles expériences et, au cours de ces processus, ils ont fini par rejeter tout ce qu'ils avaient appris dans les écoles de commerce. Les nombreuses expérimentations menées par ces diverses entreprises ont débouché sur des résultats remarquablement similaires, non seulement au niveau des principes adoptés, mais aussi dans leurs activités quotidiennes, concrètes. Il semble donc que différentes personnes élaborent simultanément des modalités nouvelles – et pourtant analogues – d'organisation et de gestion de l'entreprise.

Au cours de mes recherches, j'ai choisi d'étudier des entreprises appartenant à tous les secteurs industriels dans différents pays qui comptaient au moins cent employés et opéraient selon ces nouveaux critères depuis cinq ans. À ma grande surprise, et pour ma plus grande joie, j'ai découvert que de nombreuses organisations répondaient à ces paramètres. Certaines avaient cent employés, d'autres quelques milliers, et d'autres encore plus de 10 000. J'ai même trouvé de très grosses entreprises dans différents secteurs industriels qui appliquaient radicalement ces nouvelles règles de gestion du pouvoir et d'altruisme depuis quarante ans.

Il y a une grande différence entre ces organisations et celles qui sont dirigées de manière traditionnelle. L'une des grandes divergences réside dans la façon dont on les désigne. Selon notre paradigme matérialiste et scientifique actuel, on a tendance à considérer

une organisation comme une « machine » (photo ci-contre) constituée de rouages. En fait, il semble que ce terme soit une métaphore que l'on emploie aujourd'hui pour nommer quantité de choses, depuis notre corps jusqu'au monde qui nous entoure. Par réaction, ces nouvelles entreprises utilisent une autre image : elles se considèrent comme un organisme visant, tel un arbre. Ce changement d'image a de profondes implications ; il est associé à trois innovations fondamentales.

Les systèmes d'autogouvernance

L'organisation du pouvoir au sein de ces nouvelles entreprises constitue la première innovation. La pyramide traditionnelle, comprenant un patron et de multiples strates hiérarchiques, n'existe plus. Elle est remplacée par un type d'organisation dans lequel des milliers d'employés fonctionnent en autogouvernance, c'est-à-dire sans niveaux de hiérarchie, sans que personne n'assume le rôle de patron vis-à-vis d'un tiers, donc sans qu'il n'y ait aucun subordonné. Cela peut paraître impossible mais, en fait, les systèmes les plus complexes de notre monde sont des organismes naturels qui fonctionnent ainsi depuis des milliards d'années. Le cerveau, avec ses 80 milliards de cellules, ou n'importe quelle cellule, ou encore l'écosystème complexe d'une forêt, fonctionnent de manière autonome. Il est également extraordinaire que des personnes différentes soient parvenues simultanément à comprendre comment introduire dans nos organisations ces principes qui sont à l'œuvre dans la nature depuis des milliards d'années.

Cette façon d'opérer change radicalement la nature du pouvoir au sein d'une entreprise. Il n'y a plus de « pouvoir exercé sur quelqu'un », mais un « pouvoir interrelié » ou « partagé ». Il existe suffisamment d'entreprises de ce type pour que nous comprenions leur mode de fonctionnement au niveau pratique. Nous connaissons désormais leurs structures et leurs processus de fonctionnement : comment prendre des décisions, effectuer des tâches concrètes, augmenter les salaires, régler les conflits, tout cela en l'absence d'un patron.

Vivre dans la plénitude

La seconde innovation que nous révèlent ces entreprises concerne les deux façons d'appréhender le monde : soit il est perçu comme un lieu de peur, de division et de pénurie, soit comme un monde d'amour, de liens et d'abondance. Dans la plupart des organisations, les employés estiment, en raison de peurs secrètes, qu'il vaut mieux être sur la réserve, porter un masque et ne pas exprimer ses préoccupations et aspirations les plus profondes. Lors de mes recherches, j'ai observé qu'en baissant légèrement le masque pour ne laisser transparaître qu'une petite partie de nous-mêmes – celle que nous jugeons acceptable et sûre –, en fait nous ne laissons entrevoir qu'une part infime de notre énergie, de notre créativité et de notre enthousiasme.

Ces nouvelles entreprises considèrent le lieu de travail comme un endroit où vivre dans la plénitude. Elles ont découvert les moyens – que certaines traditions spirituelles connaissent depuis des milliers d'années – de créer un espace sécurisé où les employés se sentent suffisamment en confiance pour montrer tous les aspects de leur personnalité et pour découvrir ce qu'ils sont au sein d'un climat d'extrême bienveillance. Dans trois de ces organisations, des employés m'ont déclaré : « Je souhaite parfois que mon foyer ressemble davantage à mon lieu de travail. » Cette grande attention des uns envers les autres et la création délibérée d'espaces sécurisés leur permettent ainsi de révéler l'intégralité de leur personnalité. Je le répète, nous savons comment parvenir à ce résultat. Néanmoins, beaucoup de choses restent à améliorer, à commencer par les procédures en matière de ressources humaines, telles que le recrutement et les évaluations annuelles, qui sont précisément des situations qui engendrent la peur.

Le sentiment d'un objectif commun

La troisième innovation dont ces organisations nous ont donné l'exemple concerne les buts à atteindre et la manière d'envisager l'avenir. Dans notre vision mécaniste actuelle, nous avons besoin de prévoir les événements et de contrôler le monde. Par conséquent, les organisations se fixent des buts stratégiques, tels que des plans quinquennaux, des budgets annuels et autres objectifs. Mais les employés de ces nouvelles entreprises ont une conception différente des choses ; ils déclarent notamment : « Cette approche n'a plus de sens pour nous. Nous pensons que l'organisation n'est pas une machine inerte que nous devons programmer. C'est un organisme vivant qui possède son propre destin et son énergie particulière qu'elle souhaite exprimer dans le monde. Notre rôle en tant que dirigeants est beaucoup plus humble. Il consiste simplement à écouter et à comprendre où le système veut naturellement aller, puis de l'accompagner dans sa démarche. » Aucune des organisations qui ont fait l'objet de mes recherches, et qui ont connu des succès spectaculaires, n'a de plan stratégique. Au lieu de cela, elles ont mis au point différentes stratégies pour être à l'écoute des voies que l'entreprise souhaite suivre, et nous savons dorénavant comment cela fonctionne.

Cette conscience émergente nous offre des moyens concrets d'adopter une approche novatrice qui introduit le pouvoir et l'altruisme au sein des organisations. Cette démarche permet aux entreprises d'acquérir plus de dynamisme, de pouvoir, de sens, et de définir des objectifs communs. Il ne s'agit pas d'une théorie ni d'un modèle. Ce type d'organisation existe réellement dans nos sociétés, et il se répand. Je crois qu'il s'agit d'un message d'espoir pour tous ceux qui dirigent une organisation ou qui s'y investissent, que ce soit une école, une entreprise ou un hôpital. Si le mode de fonctionnement de votre organisation heurte votre sens de l'intégrité, ou vos sentiments les plus profonds, cette nouvelle conception entrepreneuriale constitue pour vous une source d'inspiration qui vous permettra de gérer les choses différemment.

Le Dalaï-Lama : Excellent.

Theo Sowa : Frédéric, pourriez-vous nous donner un exemple concret d'une organisation dans laquelle vous avez travaillé ?

Frédéric Laloux : Aux Pays-Bas, il existe une organisation de soins à domicile appelée Buurtzorg. Elle comprend des infirmières qui rendent visite à des patients et leur prodiguent des soins ; il s'agit le plus souvent de personnes âgées. C'est une histoire à la fois très intéressante et magnifique : elle illustre l'approche traditionnelle des soins donnés aux patients dans une organisation fonctionnant comme une « machine », et celle d'une structure opérant comme un « organisme vivant ».

En 1980, une approche managériale des problèmes de santé fut adoptée aux Pays-Bas. L'État, qui finance les services infirmiers, s'est dit : « Pour diminuer les dépenses, regroupons toutes les infirmières indépendantes au sein d'organisations, afin de faire des économies d'échelle. » Lorsque les autorités ont contraint ces infirmières à intégrer ces organisations, une nouvelle logique s'est mise en place.

Les directeurs se sont dit : « Les infirmières continuent à voir leurs propres patients, ce qui les empêche de remplir leurs journées. Elles ont parfois du temps libre entre deux patients, et c'est ça qui nous coûte cher. » L'État a créé des centres d'appels, a confisqué les téléphones portables des infirmières et a mis en place un nouveau système où les malades n'avaient plus leurs infirmières habituelles, mais des remplaçantes qui se trouvaient à proximité et qui étaient disponibles.

Puis l'État a compris que les infirmières expérimentées coûtaient cher ; il a alors décidé de leur confier les tâches les plus complexes et de laisser les infirmières fraîchement diplômées, et moins bien payées, s'occuper des soins les plus simples.

Les directeurs de ces organisations ont également constaté que certaines infirmières étaient plus rapides que d'autres. Ils ont introduit des normes de temps pour chaque soin dispensé : pas plus de quinze minutes pour une douche, dix minutes pour une piqûre, deux minutes et demie pour changer un bas de contention.

Ensuite, le gouvernement a décidé de créer un bureau de planification. Chaque infirmière a reçu une feuille de route détaillant ses activités de la journée. « Vous commencez votre journée de travail à 8 heures. Vous changez le bas de contention de votre patiente, puis sortez de chez elle à 8 h 02. Selon Google Maps, il vous faut six minutes en voiture pour arriver chez votre prochaine patiente. Vous lui faites une piqûre, ce qui devrait vous prendre dix minutes. » Ravi des innovations apportées par les planificateurs, l'État a considéré qu'il fallait désormais continuer à améliorer ce système. Les directeurs ont alors demandé aux infirmières de mettre des codes-barres devant les portes de leurs patients et de les scanner au moment d'entrer et de sortir des domiciles.

Ces méthodes permettaient désormais aux directeurs de consulter toutes ces données et de dire par exemple à une infirmière : « Savez-vous que vous perdez toujours une ou deux minutes lorsque vous douchez une patiente ? Vous allez donc suivre une formation pour apprendre à donner des douches de manière plus efficace. »

Dans une organisation conçue sur le modèle de la « machine », ce type de gestion est parfaitement logique. Pourquoi ne pas agir ainsi ? Cela permet de faire des économies et de venir en aide à davantage de gens. Pourtant, les personnes au cœur de ce système, les malades comme les infirmières, étaient très insatisfaites. Imaginez un patient : le plus souvent, il est âgé et il se trouve parfois dans un état de confusion mentale. Tous les jours, il voit arriver une nouvelle infirmière à qui il doit, chaque fois, tout expliquer. L'infirmière consulte son dossier et lui dit : « Oh ! Vous devez avoir une piqûre. » Le malade lui répond : « Non, j'ai appelé un médecin. La situation a changé. » L'infirmière lui réplique alors : « Désolée, mais je n'ai pas le temps », et elle lui fait l'injection. Ce dispositif affecte profondément le sentiment d'intégrité du personnel soignant car beaucoup d'infirmières savent que, faute de temps, elles ne font pas du bon travail.

Jos de Block, un infirmier qui était au cœur de ce système, a décidé qu'il en avait assez. « Pour moi, l'objectif n'est pas de faire les piqûres requises, mais de permettre aux patients de mener une vie harmonieuse et d'être autonomes. » Et il a créé Buurtzorg, mot qui signifie « soins de proximité » en néerlandais. Les infirmières qui travaillent dans son organisation prennent le temps de s'asseoir et de boire un café avec leurs patients tout en leur demandant : « Qu'est-ce que vous pouvez encore faire et ne plus faire au quotidien ? Avez-vous des enfants ? Oh, ils ne viennent pas vous voir parce que vous êtes brouillés ? Dans ce cas, est-ce que je peux vous aider à rétablir le dialogue ? » Le travail accompli par le personnel soignant de cette organisation est vraiment extraordinaire.

Buurtzorg revient à un modèle où les patients ne sont suivis que par une ou deux infirmières qui parviennent ainsi à établir une relation d'attention à l'autre à la fois belle et profonde. Cette organisation, fondée il y a dix ans, a débuté avec quatre personnes. Aujourd'hui, elle compte 14 000 employés, et 70 à 75 % des soins à domicile sont réalisés par les infirmiers et infirmières de quartier de Buurtzorg. Elle reçoit toutes les semaines deux cent cinquante demandes d'emploi, car tous les soignants veulent travailler dans cette organisation. Ce qui est encore plus étonnant est son succès financier. Certains pourraient en effet objecter : « C'est facile de dispenser une bonne qualité de soins lorsque vous prenez un café avec des patients, mais nous, nous tentons d'optimiser chaque minute de temps de travail. » Or les patients de Buurtzorg n'utilisent que 40 % des heures de soins prescrites par les médecins, parce qu'ils deviennent autonomes beaucoup plus rapidement. Ce succès représente un paradoxe total pour les organisations qui prônent une optimisation maximale de chaque heure de travail. Si vous buvez un café avec un patient, vous permettez ainsi à l'État hollandais d'économiser des centaines de millions d'euros chaque année.

Les 14 000 infirmières et infirmiers de Buurtzorg sont organisés en équipes de dix à douze personnes et n'ont pas de chef d'équipe. Cette organisation possède un minuscule siège comptant cinquante employés qui n'ont ni directeur financier ni directeur des ressources humaines et aucune équipe de marketing. Les membres de Buurtzorg sont incroyablement attentifs les uns envers les autres. Ainsi, les soignants s'entraident lorsqu'ils éprouvent des difficultés émotionnelles face à des patients en fin de vie ; ils disposent de programmes admirables pour traiter ces problèmes.

J'espère que cet exemple vous a donné de l'espoir, mais aussi un aperçu et une compréhension du travail accompli par Buurtzorg. Je voudrais vous faire remarquer que le personnel soignant, lui, n'a pas changé ; le seul changement est la conception du monde novatrice de cette organisation.

LE DALAÏ-LAMA : Merci. Je suis très impressionné lorsqu'un spécialiste nous expose ce genre d'exemples prometteurs. Le temps n'est donc pas figé. Toutes les structures, y compris les organisations religieuses, ont fonctionné dans une certaine mesure selon un système hiérarchique dont le sommet était occupé par des personnages qui faisaient office de potentats. Je pense que les hommes ont l'impression qu'une organisation autoritaire et contrôlée par une seule personne est plus efficace, même si une telle conception va à l'encontre de la nature humaine fondamentale.

Le travail que vous accomplissez est remarquable. Pourtant, lorsque je pense à notre planète habitée par plus de sept milliards d'êtres humains avec leurs expériences, leurs aspirations et leurs différents modes de pensée, j'ai le sentiment qu'il est impossible de créer un système unique dans lequel chaque membre trouve le bonheur parfait. C'est la nature humaine. (*Rires.*)

Selon la philosophie bouddhiste, tout est interdépendant. Lorsque nous examinons les structures de ces organisations, nous devons tenir compte du fait qu'elles fonctionnent dans un contexte relatif ; ce qui revient à dire que, dans ces contextes, il ne peut y avoir de notions de meilleur en soi ni d'absolu.

Mais je vous félicite de ne pas être satisfait du système dominant actuel et de tenter d'y apporter des améliorations.

Dialogue avec le Dalaï-Lama, les intervenants et la modératrice

Theo Sowa : J'aimerais interroger Olafur sur la capacité de l'art à changer la conception du monde des gens. Quelle est votre expérience à ce sujet ?

Olafur Eliasson : L'art a le pouvoir de nous impliquer en exerçant notre esprit critique et, en même temps, celui de nous amener à réfléchir sur notre propre potentiel. Les grandes œuvres d'art nous éduquent mais seul l'art fantastique nous écoute. C'est pourquoi il est important de considérer que la culture est l'un des piliers de nos sociétés.

Être un artiste ou faire l'expérience de l'art a beaucoup à voir avec cette question : « Est-ce que je suis relié à ce monde ? Est-ce que je me sens interdépendant ? » Lorsque je fais un dessin et qu'il est réussi, j'ai l'impression que le crayon sur le papier est en train de faire avancer le monde. Si le dessin manque de concentration, je me sens coupé.

Lorsqu'un spectateur fait l'expérience d'une œuvre d'art, l'élément altruiste surgit lorsqu'il se dit soudain :

« C'est ce que je ressens ! Maintenant je me situe dans un contexte plus large. » Ce ressenti s'applique plus particulièrement lorsque vous participez à un festival culturel et que vous vous trouvez dans une situation où il y a suffisamment d'espace pour que vous exprimiez ouvertement vos propres conceptions, sans que tout le monde ne soit d'accord avec celles-ci. Ces événements créent un havre de sécurité dans la culture et nous enseignent même que le désaccord peut être une qualité, un amplificateur. Dans les domaines politique et culturel, ces espaces ainsi ménagés rencontrent un grand succès ; c'est la contribution de l'art à la société. Il est également important de reconnaître qu'il y a des artistes dans toutes les communautés, des gens qui donnent une éducation aux enfants, travaillent avec eux et leur disent : « Certaines choses sont difficiles à verbaliser. L'art est un langage. Ayons confiance dans le langage émotionnel qu'il représente. » Ce qui confère à l'art son originalité ne tient pas aux supports artistiques que nous employons mais à ce que nous exprimons à travers eux.

Theo Sowa : Chacun de vous peut-il partager ce qu'il a retiré de ce dialogue, quels éléments il va emporter en fonction de son engagement personnel envers la responsabilité mondiale ? Que souhaitez-vous que le public retienne ?

Frédéric Laloux : Pour moi, l'un des éléments qui est ressorti très clairement au cours de cette conférence est le fait que la distinction entre les gens qui sont puissants et ceux qui ne le sont pas est très réelle. Toutefois, à un autre niveau, cette distinction se révèle totalement fausse. En effet, nous avons vu ces exemples magnifiques de personnes qui ont décidé de relever le défi et de changer la donne. L'exemple que j'ai donné est celui de l'infirmier Jos de Blok. Il y a des milliers d'infirmiers aux Pays-Bas et, pourtant, lui a décidé d'agir. Ce que je retiendrai personnellement, c'est une nouvelle façon de considérer le monde. Il y a certes des déséquilibres structurels – et il n'est pas question de les nier – mais je porterai un regard différent sur l'incapacité d'agir. Pour moi, cette conférence est un appel à l'action. « Dans quoi vais-je me sentir impliqué ? Quelle peur vais-je devoir affronter si je veux assumer mon propre pouvoir ? »

Theo Sowa : Selon vous, que retiendront les personnes qui ont assisté à nos débats pendant ces deux jours ?

Frédéric Laloux : Je ferai la même réponse : « Qu'est-ce qui empêche chacun de nous d'agir, alors que nous venons d'entendre une voix différente de celle du courant de pensée dominant ? Ne serait-il pas tout à la fois merveilleux, angoissant et noble d'oser assumer notre propre pouvoir ? »

Scilla Elworthy : Pour moi, je retiendrai le pouvoir évident du principe féminin, chez les hommes comme chez les femmes. Je me pose la question suivante : « Comment proposer des objectifs concrets de telle sorte que chacun puisse faire de ce monde un lieu plus pacifique ? »

J'ai aussi une question pour Sa Sainteté : « Comment considérez-vous le principe féminin, le yin ; et comment peut-on le rééquilibrer avec le principe masculin, le yang, qui dans notre monde actuel est en total déséquilibre ? »

Le Dalaï-Lama : Comme je vous l'ai dit au cours de ce dialogue, je considère toujours que le point essentiel est l'amour et la compassion : une authentique préoccupation du bien-être d'autrui, exempte d'attachement. Je veux dire par là que la faculté de partager l'amour et la compassion ne doit pas être déterminée par ce que les autres pensent de vous ni par le fait que vous témoignerez de l'affection à une personne si elle fait preuve de gentillesse à votre égard : ces attitudes sont empreintes de partialité. Que vous ayez ou non une pratique religieuse, que vous croyiez ou non aux vies futures, n'a aucune importance : rien ne vous empêche de mettre ces valeurs en œuvre.

L'amour et la compassion dénués d'attachement consistent à penser que nous sommes en tout point semblable à n'importe quel autre être humain, que nous sommes tous des êtres sensibles, y compris les insectes et les poissons, que nous ne voulons pas souffrir et que nous avons le droit de vivre une vie heureuse. Si nous avons cette compréhension, le sens de l'altruisme se développera jusqu'à devenir une authentique compassion qui atteindra même notre ennemi. En tant qu'êtres humains, nous seuls avons cette capacité ; les animaux en sont dépourvus.

Si nous faisons attention à nous-mêmes, si nous nous efforçons de comprendre le fonctionnement de notre esprit, nous serons en mesure de cultiver un mode de pensée empreint de compassion qui nous permettra de prendre soin des autres ; une telle attitude sera source de grands bienfaits pour tous. Au contraire, plus nous pensons à nous-même, animé d'un esprit étroit et égocentrique, plus nous créons de problèmes et d'ennuis. Nous devons considérer que la vie de chaque personne dépend de la société qui, elle-même, dépend du monde entier, c'est-à-dire de l'humanité. En fin de compte et dans notre propre intérêt, nous devons nous préoccuper sérieusement du bien-être de nos semblables et du monde dans sa globalité.

L'éducation moderne qui a commencé à se développer avec la révolution industrielle s'est orientée vers la connaissance de la matière et a été porteuse de valeurs matérialistes. Pourtant l'esprit humain n'est pas une machine mais un ensemble de phénomènes beaucoup plus complexes. C'est pourquoi notre éducation devrait débuter par une compréhension correcte de la nature fondamentale de notre propre esprit. J'ignore quelles seraient les méthodes à employer pour réaliser ce but, mais je suis convaincu que l'éducation est capable de développer une conscience plus vaste et plus profonde. J'ai donc demandé à des spécialistes de concevoir un projet éducatif allant dans ce sens. Je pense que c'est à partir de ce développement de la conscience humaine qu'adviendra un authentique pouvoir.

Nous avons l'habitude de ne considérer qu'un aspect du pouvoir : le contrôle. Mais il s'agit de bien autre chose. Il est à la fois positif, négatif, voire neutre. Pour mettre ce fait en évidence, il nous faut effectuer des travaux de recherche plus approfondis.

Ainsi que nous l'avons vu d'après les exposés des intervenants, ces travaux de recherche sont considérables et très précis, ce qui est remarquable. Pourtant, ils ne prennent pas en compte l'ensemble de l'humanité, les sept milliards d'êtres humains. Nous sommes des êtres complexes. Notre intelligence et nos émotions spécifiques sont les véritables fauteurs de troubles. Si ces facultés nous amènent à ne considérer le monde que sous l'angle de la complexité et de difficultés insolubles, mieux vaut alors prier pour que la fin du monde ne tarde pas à advenir. Mais ce serait là une attitude insensée. Par contre, si nous sommes capables d'utiliser ces capacités pour développer un altruisme infini et pour nous préoccuper d'autrui et non pas uniquement de nous-même – c'est-à-dire de nos petits-enfants, mais aussi de toutes les espèces animales et l'environnement –, alors nous tirerons pleinement profit de ce qui rend la vie humaine si précieuse. Et, dans ce cas, sauver l'humanité demeurera une cause noble.

J'ai maintenant 81 ans. Peut-être que dans quinze à vingt ans, je ne serai plus là ; je n'ai donc pas de quoi m'inquiéter outre mesure, mais nombre d'entre vous qui êtes plus jeunes devez considérer ces défis très sérieusement, parce que vous vivrez encore pendant trente à quarante ans. (*Rires.*)

C'est maintenant que chacun de nous, dans le cadre de son travail professionnel et de sa vie privée, a l'occasion de contribuer à la réalisation d'une humanité plus heureuse et d'un monde plus pacifique.

Conclusion

Tania Singer

C'est avec gratitude que je conclus ce dialogue portant sur les thèmes du pouvoir et de l'altruisme. La science nous a appris que la gratitude provient du même système biologique et psychologique que la compassion, la bonté aimante et l'altruisme, et ces rencontres constituent toujours une merveilleuse occasion de mettre ces qualités en pratique.

En me demandant comment je pourrais synthétiser la richesse et la multiplicité de nos échanges, l'image de la « sphère » d'Olafur Eliasson m'est venue à l'esprit. Cette œuvre a été spécialement créée pour ce dialogue. Si l'on regarde de près cette installation, une sphère alimentée par l'énergie solaire, on constate qu'elle est constituée d'une multitude de petits miroirs en forme de triangle qui réfléchissent la lumière selon d'innombrables perspectives. On pourrait penser que cette sphère n'est qu'un agglomérat de multiples parties séparées, différentes les unes des autres. Mais, si vous la considérez en tant qu'ensemble, il s'agit d'une unité, une nouvelle *Gestalt*, une œuvre d'art. C'est un soleil illuminé par les rayons du soleil qui brille à l'extérieur. La « sphère » d'Olafur est l'image, la métaphore de ce débat, en ce sens qu'elle nous démontre qu'ensemble nous constituons une force beaucoup plus puissante que chacun d'entre nous, pris isolément en tant qu'individu : nous formons une nouvelle *Gestalt*, un ensemble d'éléments structurés.

Ce dialogue sur le pouvoir et l'altruisme a rassemblé une multitude de points de vue, créant un kaléidoscope de voix. La rencontre s'est ouverte sur une perspective évolutionniste et anthropologique, avant de plonger dans les subtilités neuroendocrinologiques, jusqu'à atteindre le niveau microscopique de l'ocytocine, incluant d'autres aspects neuroscientifiques de l'ordre de l'infinitésimal. Puis le débat est revenu aux perspectives de la psychologie et de ses applications cliniques. Il a ensuite abordé, au niveau macroscopique, les grandes problématiques des valeurs humaines, s'agissant de savoir comment nous pouvons instaurer une vie équilibrée et harmonieuse pour tous les peuples, quels que soient leurs croyances religieuses ou leur passé. Le partage de ces voix multiples nous a permis d'entendre le point de vue de consultants et d'économistes, de prendre connaissance des perspectives de l'art, de l'activisme social, des implications politiques du travail de terrain ainsi que de la possibilité de changer nos systèmes de gouvernance.

Après avoir réuni ces nombreux points de vue, j'ai le sentiment que nous commençons tout juste à comprendre la complexité de la sphère humaine. En outre, s'il nous était possible d'inclure les différentes perspectives de tous les êtres, nous nous rapprocherions de la réelle complexité à laquelle nous sommes confrontés quotidiennement dans notre monde actuel.

À quoi ressemblerait ce monde si nous pouvions entendre l'hétérogénéité des perspectives et des différents modes de vie ? Certains chercheurs présentent des données, d'autres intervenants partagent leurs qualités de cœur. Il s'agit donc d'écouter ce que nous avons à dire et de sortir des vases clos de nos domaines de recherche respectifs dans lesquels nous sommes si souvent piégés. Il est vraiment merveilleux de pouvoir simplement écouter d'autres points de vue et de les partager.

Lorsque je regarde les multiples facettes de ce kaléidoscope, je me demande : « Quel est le thème commun ? » Il faut tout d'abord comprendre clairement qu'il ne s'agit pas là d'un dialogue purement académique. Nous faisons face à des problèmes réels et urgents. C'est ce que Johan Rockström nous a expliqué de façon claire et scientifique, en nous présentant les faits : en l'espace de vingt ou trente ans, nous sommes parvenus à détruire la planète d'où nous tirons notre subsistance. L'intervention de Pauline Tangiora a fait résonner ces faits dans le cœur de chacun de nous. Les économistes nous ont exposé les problèmes que nous devons affronter face à la pauvreté au milieu de l'abondance, au fossé croissant des inégalités et aux différences qui se creusent entre les pauvres et les riches dans les pays développés. Au niveau individuel, nous sommes face à une crise liée au manque de communication, à l'isolement et à la solitude, même si nous sommes très connectés par Internet. Tous ces symptômes sont des réalités qu'il nous est impossible de nier.

Par ailleurs, ce kaléidoscope nous envoie un message encore plus fort : celui de l'espoir. Nous avons parlé des concepts de changement et de plasticité. Nous avons appris que nous sommes dotés de multiples motivations : le pouvoir, la sollicitude, l'égoïsme, l'altruisme, l'accomplissement de nos buts. Et c'est à nous seuls qu'il incombe d'équilibrer ces motivations et impulsions. Sa Sainteté a déclaré qu'il relève de notre responsabilité personnelle de mettre en œuvre notre pouvoir d'altruisme ; ce message a été réitéré de nombreuses fois, étayé par des exemples prouvant que c'est un engagement qu'il est possible d'actualiser à tous les niveaux. Gandhi a déclaré : « Vous devez incarner le changement que vous souhaitez voir dans le monde. » Il n'y a pas d'autre option. Nous avons également vu que nous ne pouvons pas faire porter l'entière responsabilité de ce changement aux politiciens, à la planète ou à n'importe quelle autre instance. Nous ne pouvons pas non plus nous en remettre à une quelconque sacralité pas plus qu'à un quelconque clergé. Cette attitude ne nous fera pas avancer.

Ce dialogue a également mis en lumière le rôle des médias, la puissance et l'influence qu'ils pourraient exercer s'ils rendaient compte du pouvoir de l'altruisme, au lieu de mettre l'accent sur la terreur, la crainte, la polarisation et la ségrégation. En réalité, il revient aux journalistes de traiter ces sujets, parce que les faits sont là, qu'on le veuille ou non. Ce n'est pas seulement sur nos lieux de travail que nous pouvons opérer ce changement, mais aussi dans notre sphère privée, avec nos enfants, notre famille et nos amis.

Pour conclure, examinons chacun nos domaines de pouvoir et de savoir-faire respectifs, et décidons de développer la capacité de prendre soin de l'autre. Si nous accomplissons ce but tous ensemble, nous pouvons alors réaliser le rêve et la vision de Sa Sainteté : aller vers un siècle de compassion. Ainsi que l'a dit Sa Sainteté : « La compassion n'est plus un luxe. C'est une nécessité. »

APPENDICES

Des ateliers, sources d'inspiration

Lors de cette conférence sur le pouvoir et l'altruisme, Mind and Life a proposé pour la première fois huit ateliers destinés à approfondir par l'expérience de nouveaux apprentissages chez les participants.

Cette initiative reflète le souhait de Francisco Varela, exprimé dès le début de ces rencontres, d'utiliser les dialogues de Mind and Life pour associer le point de vue de la science à la troisième personne avec l'expérience intérieure à la première personne, et combiner ces deux perspectives en une seule.

Atelier 1 : « Travailler avec les parties de soi-même orientées vers le pouvoir et celles qui sont orientées vers l'altruisme ». Ce travail a été mené par le professeur Richard Schwartz. Cet atelier a donné aux participants l'occasion de découvrir leurs propres tendances orientées vers le pouvoir ou l'altruisme, et de voir si ces deux forces s'équilibraient ou non. Il nous a également appris à entrer dans un état de pleine conscience et de compassion afin de créer un meilleur équilibre et une harmonie entre ces deux tendances.

Atelier 2 : « Méthodes fondées sur la prise de conscience pour promouvoir un changement social. Que faire pour jouer un rôle décisif dans l'avenir qui se profile ? » Martin Kalungu-Banda s'est concentré sur le fait de développer chez les participants un nouveau cycle d'apprentissage destiné à faire face aux défis actuels et à venir. Il leur a proposé de passer d'un état centré sur l'ego, uniquement préoccupé de son propre bien-être, à une prise de conscience qui prenne en compte le bien-être de tous les êtres.

Atelier 3 : « La pratique de la communication non violente ». Dirigé par Godfrey Spencer, l'atelier a été consacré à cette approche de la communication, développée par Marshall Rosenberg, et fondée sur les principes historiques de la non-violence, qui consiste à être à l'écoute de nos besoins les plus profonds ainsi qu'à ceux de nos semblables, dans le but de faire preuve de davantage de compassion et de sollicitude envers autrui.

Atelier 4 : « L'art de la fugue et de la méditation ». La pianiste Maria João Pires a interprété cinq *Préludes et fugues* de Jean-Sébastien Bach. Ensuite, le moine bouddhiste Matthieu Ricard a dirigé de courtes séances de méditation sur l'attention à la pleine conscience, l'amour bienveillant, la compassion, l'éloge de la bonté, l'équanimité et la pure conscience éveillée.

Atelier 5 : « Faire l'expérience du pouvoir et de l'altruisme grâce aux pratiques contemplatives appartenant à diverses traditions ». Frère Thierry-Marie Courau et

Roshi Joan Halifax, maître zen, ont dirigé cet atelier. Ils ont fait appel à des récits et aux pratiques contemplatives catholique et bouddhiste afin de préparer l'esprit, le cœur et le corps à intégrer une attitude fondée sur le principe de la compassion à l'égard du pouvoir et de l'altruisme.

Ateliers 6 et 7 : « L'attention portée au corps et à l'esprit ». Rafael Ebner a dirigé une séance de Vinyasa Yoga dont le but était de promouvoir un sentiment de calme, de lien avec les sensations intérieures, et de prise de conscience des flux d'énergie dans notre système. Ryan Spielman a fait exécuter aux participants une série de vigoureux exercices d'Ashtanga Vinyasa Yoga qui ont engendré une expérience de méditation à la fois douce et dynamique.

Atelier 8 : « Les marionnettes : l'insaisissable changement du pouvoir et de l'altruisme dans la création artistique ». À l'aide de techniques d'animation et de marionnettes, cet atelier dirigé par Julian Crouch et Saskia Lane a exploré les fluctuations d'équilibre entre le pouvoir et l'altruisme dans le cadre de la création artistique.

Remerciements

Mind and Life Europe et les rédacteurs remercient les nombreuses personnes qui ont contribué à l'organisation de cette conférence sur le pouvoir et l'altruisme ainsi qu'à la réalisation de cet ouvrage.

Nous tenons tout d'abord à remercier Sa Sainteté le Dalaï-Lama pour son soutien et ses encouragements prodigués à Mind and Life Europe. Sa sagesse, sa compassion et ses enseignements sont pour nous tous une constante source d'inspiration. Nous remercions tout particulièrement Thupten Jinpa pour son extraordinaire compétence et son dévouement en tant que traducteur, ainsi que Tseten Samdup Chhoekyapa et Tashi Phuntsok attachés au Bureau du Dalaï-Lama à Bruxelles.

Nous sommes très reconnaissants envers tous nos intervenants et animateurs d'ateliers pour leur sagesse, leur bonté et leur générosité ; ils ont consacré de nombreuses journées de travail bénévole à préparer cette rencontre.

Cet événement n'aurait pas été possible sans le généreux soutien des sponsors suivants envers lesquels Mind and Life Europe tient à exprimer sa gratitude :

Fondation L. B. en Suisse ; Renaud Samyn à Hong Kong ; Maria Tussi Kluge en Allemagne et la Hershey Family Foundation aux États-Unis. Nous remercions également les sponsors « Gold » et « Silver » de Mind and Life Europe dont l'aide financière a été cruciale.

Nous tenons également à manifester notre gratitude envers Diego Hangartner, l'ancien directeur général de Mind and Life Europe, et Arthur Zajonc, l'ancien président de l'institut Mind and Life.

Nous remercions plus particulièrement l'équipe chargée de l'organisation de cette conférence, son directeur Cornelius Pietzner, ainsi que Sander Tideman, Géraldine de Vries, Ute Brandes, Amy-Cohen Varela, Charles-Antoine Janssen, Ilios Kotsou, Caroline Lesire, Nicole et Manoj Doods-Rauniar, Frans Goetghebeur, Hélène Goethals, Patrick Oliver et Christine Moore. Nos remerciements vont également à tous les bénévoles d'Émergence, le personnel de Bozar et le département des neurosciences sociales de l'institut Max-Planck de neurologie et sciences cognitives humaines pour leur collaboration active et leur dévouement dans la réalisation de cette conférence.

Nous espérons que la sagesse, la compassion, les connaissances et l'esprit de ce livre s'étendront au monde entier et apporteront le bonheur à tous les êtres sensibles.

L'institut Mind and Life Europe

Mind and Life Europe a pour objectif d'intégrer la sagesse et les pratiques contemplatives à la science contemporaine afin d'explorer les domaines de l'expérience humaine et de son développement. L'Institut propose de nombreux programmes pour mettre en œuvre ces objectifs.

Institut de recherche d'été européen

L'institut de recherche d'été européen de Mind and Life (ESRI) a pour but de promouvoir la formation d'une nouvelle génération de scientifiques, spécialistes du développement, de neuroscientifiques spécialisés dans les fonctions cognitives et affectives, de chercheurs en psychologie clinique et appliquée, et de pratiquants et érudits en sciences contemplatives. Les personnes inscrites à cet institut d'été peuvent dialoguer avec des maîtres contemplatifs et des philosophes, et s'entraîner à des pratiques fondées sur la réflexion, telles que le yoga et la méditation.

Groupes de pratiques

Chaque groupe réunit des scientifiques, des érudits et des méditants expérimentés en sciences contemplatives. Ces groupes explorent les découvertes issues des recherches fondamentales et appliquées et transcrivent leurs résultats en programmes pertinents à la fois sur le plan régional et national, résultats que les professionnels et les décideurs politiques peuvent mettre à exécution.

Bourses de recherche Francisco Varela

Ce programme de bourses, destiné à soutenir des projets en cours, a débuté en 2004. Il a pour but de soutenir de jeunes scientifiques et des érudits en début de carrière dans le domaine de la recherche en sciences contemplatives. Les bourses sont attribuées à des programmes qui allient les méthodes de recherche à la première personne aux expérimentations actuelles en sciences cognitives, comportementales, physiologiques, cliniques et socioculturelles.

Pour plus d'informations
sur Mind and Life Europe, consulter le site :
https://www.mindandlife-europe.org

Pour plus d'informations
sur l'institut Mind and Life, consulter le site :
https://www.mindandlife.org

Les participants
(par ordre alphabétique)

Paul Collier est professeur d'économie et de politique publique à la Blavatnik School of Government d'Oxford, et professeur émérite au St Anthony College de la même université. Il est le père fondateur du Centre for the Study of African Economies. De 1998 à 2003, Collier s'est mis en disponibilité du service public pour prendre le poste de directeur du Research Development Department à la Banque mondiale. Il fait partie de l'Economic Advisory Board de l'International Finance Corporation et est également directeur de l'International Growth Centre. Ses recherches portent sur les causes et conséquences des guerres civiles, l'impact de l'aide économique et les problèmes de démocratie qui se posent dans les sociétés qui ont de bas revenus tout en étant riches en ressources naturelles. Ses contributions à la promotion des recherches et du changement politique en Afrique lui ont valu d'être anobli en 2014.

Frère Thierry-Marie Courau, prêtre dominicain, est professeur de théologie des religions à l'Institut catholique de Paris. Ancien ingénieur et directeur financier, il est devenu membre de l'ordre des Dominicains en 1990. Il a soutenu une thèse dans le cadre de la théologie catholique sur les trois *Bhavanakrama* de Kamalashila à l'université de Strasbourg en 2004. Après avoir voyagé pendant un an dans des pays bouddhistes, il a commencé à enseigner à l'Institut catholique de Paris en 2005 ; il est devenu directeur de l'Institut des sciences et de la théologie des religions, puis doyen du Theologicum. Ses publications portent sur le dialogue entre des thèmes particuliers apparemment inconciliables : le bouddhisme, les religions, le salut chrétien et la gestion. Son dernier ouvrage, intitulé *Les Fontaines de l'Éveil* (Éditions du Cerf), est un roman sur le dialogue entre bouddhistes et chrétiens. Frère Thierry-Marie Courau est également président de la Conférence des institutions théologiques catholiques au sein de la Fédération internationale des universités catholiques et membre du Conseil pour les relations interreligieuses au sein de la Conférence des évêques de France. Il est également vice-président de *Concilium*, revue internationale de théologie.

Olafur Eliasson, islandais et danois, né en 1967, utilise dans son travail une large gamme de supports : installations, peintures, sculptures et photographies. Depuis 1997, ses expositions, acclamées par la critique, ont eu lieu au Museum of Modern Art de New York, à la Tate Modern de Londres, à la biennale de Venise, etc. Les œuvres d'Eliasson exposées dans des lieux publics comprennent le *NewYork City Waterfalls*, en 2008, et *Cirkelbroen* à Copenhague, en 2015. Son atelier de Berlin compte aujourd'hui quatre-vingt-dix artisans, techniciens spécialisés, architectes, archivistes, secrétaires et cuisiniers. En juillet 2011, Eliasson a accueilli dans son atelier de Berlin le séminaire intitulé « Comment s'entraîner à la compassion » conçu et développé par le professeur Tania Singer. Eliasson dirige le Studio Other Spaces, un bureau international consacré à l'art et à l'architecture fondé avec l'architecte Sebastian Behmann en 2014. Il a également fondé Little Sun, une entreprise sociale qui produit des lampes solaires du même nom. Ces lampes sont destinées à des communautés n'ayant pas accès à l'électricité et permettent d'inculquer aux gens la nécessité d'avoir davantage recours aux énergies renouvelables.

Scilla Elworthy, titulaire d'un doctorat en sciences politiques, a fondé l'Oxford Research Group en 1982, afin d'instaurer un véritable dialogue entre les dirigeants des puissances nucléaires dans le monde et leurs opposants. Elle a été ainsi à l'origine d'entretiens entre des physiciens nucléaires chinois, russes et occidentaux et des militaires, ce qui lui a valu d'être proposée à trois reprises pour le prix Nobel de la paix. Elle a fondé l'ONG Peace Direct en 2002, organisation destinée à financer et à promouvoir les actions des artisans de la paix dans les zones de conflit, et à en recueillir des données. Le prix du Best New Charity a été attribué à cette ONG en 2005. Elworthy a reçu le Niwano Peace Prize en 2003 et a été conseillère auprès de Peter Gabriel, de l'archevêque Desmond Tutu et de Sir Richard Branson pour la mise en place de l'organisation The Elders. Elle est la cofondatrice de Rising Women Rising World en 2013, et de FemmeQ en 2016. Elle est conseillère auprès de dirigeants de certaines corporations internationales et forme de jeunes entrepreneurs sociaux. Son dernier livre s'intitule : *The Business Plan for Peace : Building a World Without War*.

Alexandra M. Freund est professeure de psychologie et chercheuse à l'université de Zurich en Suisse. Elle a étudié la psychologie à l'université de Heidelberg et à l'université libre de Berlin où elle a obtenu son doctorat. Elle a été boursière post-doctorante à l'université de Stanford avant de rentrer en Allemagne, où elle a codirigé, pendant sept ans, avec Paul P. Baltes, un projet portant sur la régulation du développement, à l'institut Max-Planck de Berlin. Elle a ensuite été professeure adjointe, puis maître de conférences à la Northwestern University. Depuis 2005, elle est professeure titulaire à l'université de Zurich. Alexandra M. Freund a été élue membre fondateur de la Young Academy of Sciences. Elle a reçu le Mentoring Award en 2013, puis le Humboldt Research Award en 2015. En 2017, elle a été élue membre de la Wilhelm-Wundt Society. Depuis 2010, elle est rédactrice adjointe de la revue *APA-journal Psychology and Aging*. Ses recherches portent sur la possibilité du vieillissement harmonieux, des processus de régulation du développement et des motivations au cours de la vie.

Tenzin Gyatso, Sa Sainteté le XIVe Dalaï-Lama, est né le 6 juillet 1935 dans le petit village de Taktser, situé dans le nord-est du Tibet. Originaire d'une famille de paysans, il fut reconnu à l'âge de 2 ans comme la réincarnation du Bouddha de la Compassion qui choisit de se réincarner pour venir en aide aux êtres sensibles. Lauréat du prix Nobel de la paix en 1989, il est universellement respecté en tant qu'avocat de la résolution compassionnelle et pacifique des conflits humains. Il a voyagé dans le monde entier, abordant dans ses discours différents thèmes tels que la responsabilité universelle, l'amour, la compassion et la bonté. Outre ses nombreuses conférences internationales, il est l'auteur de très nombreux ouvrages dont : *Au loin la liberté* ; *L'Art du bonheur* ; *L'Art de la sagesse* ; *Cent éléphants sur un brin d'herbe* ; *Sagesse ancienne, monde moderne* ; *Au-delà de la religion, une éthique de la compassion*. Sa Sainteté manifeste un intérêt enthousiaste pour les nouvelles avancées scientifiques, ce qui lui permet de mettre en lumière à la fois les implications humanistes des découvertes et d'introduire un niveau élevé de subtilité méthodologique. Il est le cofondateur de l'institut Mind and Life.

Roshi Joan Halifax, titulaire d'un doctorat en anthropologie médicale, est maître et enseignante en bouddhisme zen. Elle est la cofondatrice du monastère de l'Upaya Zen Center, à Santa Fe, au Nouveau-Mexique. Son travail est fondé sur un bouddhisme social engagé et mis en pratique dans le domaine de l'accompagnement et du soin aux personnes en fin de vie.

Markus Heinrichs a étudié la psychologie aux universités de Wurtzbourg et de Bonn et obtenu son doctorat de psychologie clinique à l'université de Trier, en Allemagne. Après avoir été boursier post-doctorant à l'université de Zurich, en Suisse, il est devenu professeur adjoint de psychologie clinique et de psychobiologie dans la même université. Depuis 2009, il est chef du département de psychologie et professeur de biologie et de psychologie de la personnalité à l'université de Fribourg, en Allemagne. Depuis 2010, il dirige également le Social Neuroscience Research Group au Freiburg Brain Imaging Center et la Outpatient Clinic for Stress-Related Disorders (clinique de jour spécialisée dans les troubles liés au stress). Il a ouvert un nouveau domaine de recherche en démontrant que l'ocytocine, une neurohormone, joue un rôle de médiateur clé dans la régulation du comportement social de l'homme, et qu'elle constitue un objectif de recherche susceptible de déboucher sur des traitements innovants.

Uwe Jean Heuser, titulaire d'un doctorat en économie à l'université de Cologne et d'un master de l'université Harvard. Il travaille comme journaliste économique au *Frankfurter Allgemeine Zeitung* et est directeur du service économie à l'hebdomadaire allemand *Die Zeit*. Il est l'auteur de *Humanomics*, livre traitant des comportements économiques.

Sarah Blaffer Hrdy est anthropologue évolutionniste, professeur émérite à l'université de Californie, à Davis, ancienne titulaire de la bourse Guggenheim, membre de la National Academy of Sciences, membre de l'American Academy of Arts and Sciences, de la California Academy of Sciences et de l'American Philosophical Society. Citons parmi ses nombreux livres : *The Langurs of Abu : Female and Male Strategies of Reproduction* ; *La Femme qui n'évoluait jamais* ; *Les Instincts maternels*. Elle a publié plus récemment *Comment nous sommes devenus humains : les origines de l'empathie*, une exploration des implications cognitives et émotionnelles des pratiques parentales d'éducation des enfants en tant que legs ancestral de l'humanité. Cet ouvrage a reçu en 2012 le prix J. I. Staley de la School of Advanced Research et le prix Howell de l'American Anthropological Association. En 2014, elle a reçu le prix de la National Academy of Sciences pour ses travaux. Mère et grand-mère, Sarah Blaffer Hrdy vit avec Dan, son mari, dans le nord de la Californie, où elle s'occupe de la restauration de l'habitat et de la culture de noyers.

Kate Karius est écrivain et artiste. Pleinement engagée pour la construction d'un monde plus sain et plus beau, elle accompagne des personnalités et des organisations à but non lucratif, en les aidant à diffuser largement leurs messages.

Thupten Jinpa a reçu le plus haut titre académique de *Guéshé Lharam* (équivalent d'un doctorat en théologie) du collège de Shartsé, rattaché à l'université monastique de Ganden, en Inde du Sud. Il est également licencié en philosophie et titulaire d'un doctorat en études religieuses de l'université de Cambridge, en Angleterre. Depuis 1985, il est le principal traducteur anglais de Sa Sainteté le Dalaï-Lama ; il a traduit et édité de nombreux ouvrages du Dalaï-Lama, parmi lesquels : *Au-delà de la religion, une éthique de la compassion*, qui est devenu un best-seller. Ses propres publications comprennent de nombreux livres en tibétain et en anglais ainsi que des traductions d'ouvrages tibétains majeurs. Sa dernière œuvre s'intitule : *N'ayons plus peur. Oser la compassion peut transformer nos vies*. Il est l'initiateur du Compassion Cultivation Training (CCT) ou Formation au développement de la compassion, un programme de huit semaines dispensé au Center for Compassion and Altruism Research and Education (CCARE) de l'université de Stanford. Jinpa est professeur adjoint à la faculté d'études religieuses de l'université McGill, fondateur et président de l'Institute of Tibetan Classics et président du conseil d'administration de l'institut Mind and Life.

Frédéric Laloux a été partenaire associé dans le cabinet de conseil McKinsey. Il est titulaire d'un master en administration des entreprises de l'INSEAD, et d'un diplôme de coaching du Newfield Network de Boulder, dans le Colorado. Parlant couramment cinq langues, il travaille comme conseiller, coach et facilitateur pour des dirigeants d'entreprise qui veulent expérimenter de nouvelles formes d'organisation. Son travail s'inspire de deux sources : sa profonde compréhension du fonctionnement interne des entreprises, et sa fascination de longue date pour le thème du développement humain associé à son propre parcours de développement personnel et spirituel. Ses recherches dans le domaine des modèles organisationnels émergents ont été publiées dans son ouvrage *Reinventing Organizations*. D'éminents experts du développement humain et de la gestion ont qualifié ses idées de « révolutionnaires », de « grand bond en avant dans la pensée managériale ». Son livre montre comment la nouvelle forme de conscience qui se développe actuellement engendre un modèle de gestion plus constructif, productif, et radicalement orienté vers l'altruisme.

Alaa Murabit est médecin. Elle a fondé The Voice of Libyan Women (VLW, La voix des femmes libyennes) en 2001, à l'âge de 21 ans. Son objectif principal est de remettre en question les normes sociales et culturelles dominantes en utilisant des modèles de comportement traditionnels et historiques. Alaa Murabit défend la cause de la participation des femmes aux processus de paix et aux médiations de conflits. Les programmes novateurs qu'elle a élaborés, tels que la Noor Campaign, ont été adoptés dans de nombreux pays. Elle travaille comme consultante pour divers conseils de sécurité, groupes de réflexion et organismes internationaux. Elle a été nommée au Global Advisory Board, signataire de la résolution 1325 du Conseil de sécurité des Nations unies (sur les femmes, la paix et la sécurité), au Women Global Advisory Board, et a participé au programme de l'université Harvard intitulé « Everywoman, Everywhere ». En mars 2015, elle a été sélectionnée, en tant que représentante de la société civile, pour prononcer le discours inaugural de la conférence de la Commission sur le statut des femmes. Le TED Talk d'Alaa Murabit a été publié en juillet 2015, sous le titre *What My Religion Really*

Says about Women (Ce que ma religion dit réellement sur les femmes) ; il a été considéré par le *New York Times* comme l'un des exposés les plus importants. (Les TED Talks sont des conférences de niveau international, présentées par des spécialistes, abordant un large éventail de thèmes, tels que les arts, la science, la politique, les grandes questions mondiales, la musique, l'architecture.)

Matthieu Ricard est moine bouddhiste rattaché au monastère de Shéchèn au Népal. Il est titulaire d'un doctorat en génétique cellulaire de l'institut Pasteur, entrepris sous la direction de François Jacob, lauréat du prix Nobel de physiologie. Il vit dans les pays himalayens depuis 1972. Il a étudié auprès de Kangyour Rinpoché et de Dilgo Khyentsé Rinpoché, deux éminents maîtres spirituels tibétains. Depuis 1989, il est l'interprète français officiel de Sa Sainteté le Dalaï-Lama. Il est l'auteur (en collaboration avec son père, le philosophe Jean-François Revel) du livre *Le Moine et le Philosophe*. Parmi ses nombreux ouvrages, citons : *L'Infini dans la paume de la main* (avec l'astrophysicien Trinh Xuan Thuan) ; *Plaidoyer pour le bonheur* ; *Cerveau et méditation* (avec le neuroscientifique Wolf Singer) ; *L'Art de la méditation* ; *Plaidoyer pour l'altruisme* ; *Trois amis en quête de sagesse* (avec le psychiatre Christophe André et le philosophe Alexandre Jollien). Il a traduit plusieurs livres du tibétain, dont : *Shabkar, autobiographie d'un yogi tibétain* ; *Patrul Rinpoché, le vagabond de l'Éveil*. En tant que photographe, il a publié plusieurs albums, dont *L'Esprit du Tibet* et *Un voyage immobile*. Il consacre tous les revenus de ses livres et une grande partie de son temps à Karuna-Shechen, une organisation humanitaire qui gère deux cents projets au Tibet, au Népal et en Inde.

Johan Rockström est professeur de sciences de l'environnement, spécialisé dans les ressources en eau douce et le développement durable mondial à l'université de Stockholm ; il est aussi directeur exécutif du Stockholm Resilience Center. Il est devenu un scientifique de renom international en matière de problèmes de développement durable à l'échelle mondiale. Il a récemment défini le cadre des « limites planétaires » du développement humain dans notre ère caractérisée par un changement mondial rapide. En tant qu'éminent spécialiste des ressources mondiales en eau, Rockström intervient dans les régions du monde souffrant de pénurie d'eau pour mettre en œuvre des stratégies de résilience. Ses travaux de recherche appliquée sur l'eau, menés pendant plus de quinze ans dans les régions tropicales, lui ont permis d'acquérir une grande expérience. Il est l'auteur de plus d'une centaine de travaux de recherche dans des domaines allant de la gestion appliquée des terres et de l'eau, au développement durable mondial. Il occupe différents postes dans des comités scientifiques et commissions ; il est vice-président et membre du conseil scientifique du Potsdam Institute for Climate Impact Research.

Richard Schwartz, titulaire d'une thèse de doctorat en thérapie familiale et conjugale, fait partie du département de psychiatrie de l'université Harvard. Il a développé un modèle de psychothérapie appelé

Internal Family System (IFS), ou Système familial intérieur. Bien que l'IFS ait été conçu au départ comme une approche thérapeutique, il s'est développé jusqu'à inclure un large éventail de pratiques contemplatives et de traditions spirituelles. Cette forme de psychothérapie est principalement utilisée dans la résolution des conflits. L'IFS est enseigné aux États-Unis, en Europe et en Israël. Richard Schwartz vit à Brookline, dans l'État du Massachusetts.

Tania Singer est professeure et directrice depuis 2010 du département des sciences cognitives et du cerveau à l'institut Max-Planck de Leipzig, en Allemagne. Après avoir obtenu son doctorat de psychologie à l'institut Max-Planck de Berlin, dans le département du développement humain, elle devient chercheuse post-doctorante au Wellcome Department of Imaging Neuroscience et à l'Institute of Cognitive Neuroscience de Londres. En 2006, elle est nommée professeur adjoint à l'université de Zurich, puis codirectrice du laboratoire de recherches sociales et système neuronal. Ses travaux portent sur les fondements du comportement social et sur les mécanismes neuronaux, développementaux et hormonaux qui sous-tendent les compétences sociales et les émotions. Elle étudie également l'impact psychologique et neuroscientifique des effets longitudinaux de la pleine conscience et de l'entraînement mental à la compassion sur le bien-être subjectif, le cerveau, l'esprit et la compréhension sociale, la santé et la coopération (ReSource Project). Elle participe également avec le professeur Dennis Snower, de l'Institut en économie mondiale de Kiel, à des recherches sur la notion d'économie altruiste, et plus particulièrement sur la manière dont la biologie et la psychologie peuvent influencer les nouveaux modèles économiques.

Dennis J. Snower est président de l'Institut d'économie mondiale de Kiel en Allemagne, et professeur d'économie à l'université Christian-Albrecht de Kiel. Il est également directeur du Global Economic Symposium et du Global Solution Initiative. Il est chercheur au Centre for Economic Policy Research de Londres, à l'Institute for the Future of Work de Bonn (IZA) et au CESifo de Munich. Il est titulaire d'une licence de lettres et d'un master du New College de l'université d'Oxford, ainsi que d'un doctorat d'économie de l'université de Princeton. Il est spécialiste de l'économie du travail, des politiques publiques et des arbitrages entre l'inflation et le chômage. Au cours de sa carrière de chercheur, il a élaboré avec Assar Lindbeck la théorie de l'emploi et du chômage (*insider-outsider*). Il a également contribué à l'élaboration de la théorie sur la réaction en chaîne du chômage (*chain reaction theory of unemployment*) et a créé le concept de croissance frictionnelle (*frictional growth*) avec Marika Karanassou et Hector Sala. Il s'est rendu dans de nombreuses universités en tant que professeur associé et a conseillé de multiples organisations internationales ainsi que des gouvernements sur les politiques macroéconomiques, les politiques de l'emploi et l'État providence.

Rabbi Awraham Soetendorp, avocat des droits de l'homme plusieurs fois récompensé, est professeur d'université, auteur, militant de la cause environnementale et défenseur de la société civile dans le monde. Né à Amsterdam en 1943, aux Pays-Bas, il a été sauvé par un couple de « Justes ». Il a été ordonné rabbin en 1967 au collège Leo Baeck de Londres et a joué un rôle actif dans la renaissance des communautés juives de Hollande. Rabbi Soetendorp est fondateur et président de l'institut Jacob-Soetendorp de Hollande pour les valeurs humaines, membre fondateur du Green Cross International (Croix verte internationale) et également fondateur et président de la Day of Respect Foundation (Fondation du jour du respect), ainsi que du Hope for Children Fund (Fonds de l'espoir pour les enfants). Il est commissaire de la Charte de la Terre, ambassadeur du Millenium Development, membre fondateur du Groupe de dialogues entre l'islam et l'Occident au sein du Forum économique mondial. Il a reçu le prix Peace Builders de l'Alliance for International Conflict Prevention and Resolution et la médaille d'or œcuménique de la « Paix par le dialogue » du Conseil international des chrétiens et des juifs.

Theo Sowa est consultante et conseillère indépendante spécialisée dans le développement social international, et plus particulièrement dans les problèmes de droits et de protection sociale. Elle est actuellement directrice générale de l'African Development Fund. Son travail consiste à conseiller les militantes et responsables des droits des femmes et des enfants en Afrique et dans le monde. Elle s'occupe également de l'élaboration de politiques et d'actions de défense auprès de nombreuses organisations internationales.

Elle est administratrice de Comic Relief (et présidente de la commission internationale des subventions de Comic Relief), membre de l'African Advisory Board de la fondation Stephen Lewis, mécène de Evidence for Development, membre de l'UBS Optimus Foundation, et membre du conseil d'administration du Graça Machel Trust. Elle est l'auteure de nombreux textes, collaboratrice à la rédaction de *The Impact of War on Children*, coéditrice de la publication intitulée *Children and Transitional Justice* de l'*Harvard Law School/ UNICEF Innocenti*, et coauteure de *Groupwork and Intermediate Treatment*.

Pauline Tangiora, décorée de la QSM (Queen's Service Medal) et de la QSO (Queen's Service Order), est l'une des anciennes de l'ethnie des Maoris appartenant à la tribu des Rongomaiwahine établie sur la côte est de l'île d'Aotearoa, au nord de la Nouvelle-Zélande. Elle est également affiliée à de nombreuses autres tribus. Elle est juge de paix, ancienne présidente et actuellement vice-présidente et membre à vie de la Ligue internationale des femmes pour la paix et la liberté d'Aotearoa. Ancienne représentante régionale au Conseil mondial des peuples indigènes et ancien membre de la Charte de la Terre, elle est également ambassadrice au Conseil international de la Terre. Elle est membre à vie de la Maori Women's Welfare League, mécène de la Peace Foundation, membre honoraire du conseil d'administration de l'Institut de la Terre. Elle est, en outre, fondatrice et membre du Conseil pour l'avenir du monde, ambassadrice de l'International Council of Thirteen Indigenous Grandmothers (Conseil international des treize grands-mères autochtones internationales). Elle a représenté son île natale d'Aotearoa dans de nombreux colloques internationaux et travaillé comme consultante au comité directeur international du World Court Project.

Frans B. M. de Waal est un biologiste et primatologue réputé pour ses travaux sur le comportement et l'intelligence sociale des primates. Son premier livre *La Politique du chimpanzé*, publié en 1982, comparait les stratégies des chimpanzés impliqués dans des luttes de pouvoir à celles des hommes politiques. De Waal établit des parallèles entre le comportement des primates et celui des humains, en matière de conciliation, de moralité et de culture. Ses travaux scientifiques sur le comportement des primates ont fait l'objet de centaines d'articles publiés dans des revues telles que *Science*, *Nature*, *Scientific American* et autres publications spécialisées dans le comportement animal. Parmi ses derniers ouvrages, citons : *Le Bonobo, Dieu et Nous* (2013) et *Sommes-nous trop bêtes pour comprendre l'intelligence des animaux ?* (2016). Il a été élu à la National Academy of Sciences (États-Unis) à l'American Academy of Arts and Sciences, ainsi qu'à la Royal Dutch Academy of Sciences. Il est professeur au département de psychologie de l'université Emory d'Atlanta, aux États-Unis, et directeur du Living Links Center (Centre des chaînons vivants) au Yerkes National Primate Research Center, attaché à cette université.

Notes

Chapitre 2 (p. 39 *sq.*)

1. B. S. Hewlett et M. Lamb (dir.), *Hunter-Gatherer Childhoods*, New Brunswick, Transactions, 2005 ; C. Meehan et A. Crittenden (dir.), *Childhood : Origins, Evolution and Implications*, Albuquerque, School of Advanced Research / University of New Mexico Press, 2016.
2. S. B. Hrdy, *Les Instincts maternels*, Paris, Payot, 2004.
3. H. K. Kaplan, K. Hill, J. Lancaster et A. M. Hurtado, « A Theory of Human Life History Evolution : Diet, Intelligence and Longevity », *Evolutionary Anthropology*, 9, n° 4, 2000, p. 156-185.
4. S. B. Hrdy, *Mother Nature*, New York, Pantheon, 1999.
5. C. Kuzawa *et al.*, «Metabolic Costs and Evolutionary Implications of Human Brain Development », *Proceedings of the National Academy of Sciences*, 111, n° 36, 2014, p. 13010-13015.
6. K. Hawkes *et al.*, «Grandmothering, Menopause and the Evolution of Human Life Histories », *Proceedings of the National Academy of Sciences*, 95, n° 3, 1998, p. 1336-1339.

7. K. Bard, « Emotional Engagements : how Chimpanzee Minds Develop », in *The Primate Mind*, édité par F.B.M. de Waal et P. F. Ferrari, Cambridge (Ma), Harvard University Press, 2012, p. 224-225.
8. S. B. Hrdy, *Les Instincts maternels*, *op. cit.*
9. J. Perner, T. Ruffman et S. R. Leekam, « Theory of Mind Is Contagious : You Catch it from Your Sibs » *Child Development*, 1994, p. 1228-1235.
10. B. M. Repacholi et A. Gopnik, « Early Reasoning about Desire : Evidence from 14 and 18 Months old », *Developmental Psychology*, 33, n° 1, 1997, p. 12-21.
11. L. B. Aknin, J. K. Hamlin et E. W. Dunn, « Giving Leads to Happiness in Young Children », *PLOS one*, 7, n° 6, 2012, p. 339211.
12. M. van Ijzendoorn, A. Sagi et M. Lambermon, « The Multiple Caretaker Paradox : Data from Holland and Israel », *Beyond the Parents : The Role of Other Adults in Children's Lives*, R. C. Pianta (dir.), San Francisco, Jossey-Bass, 1992, p. 5-24.
13. S. B. Hrdy, *Les Instincts maternels*, *op. cit.*
14. M. Kringelbach *et al.* « A Specific and Rapid Neural Signature for Parental Instinct », *PLOS one*, 3, n° 2, 2008, p. 1664.
15. M. L. Glocker *et al.*, «Baby Schema Modulates the Brain Reward System in Nulliparous Women », *Proceedings of the National Academy of Sciences*, 106, n° 22, 2009, p. 9115-9119.
16. E. Abraham *et al.*, «Father's Brain is Sensitive to Childcare Experiences », *Proceedings of the National Academy of Sciences*, 111, n° 27, 2014, p. 9792-9797.

Chapitre 4 (p. 79 *sq.*)

1. F. D. Schönbrodt et F. X. R. Gerstenberg, « An IRT Analysis of Motive Questionnaires : The Unified Motive Scales », *Journal of Research in Personality*, 46, n° 6, 2012, p. 725-742.
2. O. C. Schultheiss, D. Yankova, B. Dirlikov et D. J. Schad, « Are Implicit and Explicit Motive Measures Statistically Independant ? A Fair and Balanced Test Using the Picture Story Exercise and a Cue and Response-Matched Questionnaire Measure », *Journal of Personality Assessment*, 91, n° 1, 2011, p. 72-81.
3. D. Galinsky, J. C. Magee, M. E. Inesi et D. H. Gruenfeld, « Power and Perspective Not Taken », *Psychological Science*, 17, n° 12, 2006, p. 1068-1074.
4. G. A. van Kleef, C. Oveis, I. van der Löwe, A. LuoKogan, J. Goetz et D. Keltner, « Power, Distress and Compassion », *Psychological Science*, 19, n° 12, 2008, p. 1315-1322.
5. D. H. Gruenfeld, M. E. Inesi, J. C. Magee et A. D. Galinsky, « Power and the Objectification of Social Targets », *Journal of Personality and Social Psychology*, 95, n° 1, 2008, p. 111-127.
6. J. Lammers, A. D. Galinsky, E. H. Gordijn et S. Otten, « Power Increases Social Distance », *Social Psychological and Personality Science*, 3, n° 3, 2012, p. 282-290. F. Righetti, L. B. Luchies, S. van Gils, E. B. Slotter, B. Witcher et M. Kumashiro, « The Prosocial Versus Proself Power Holder : How Power Influences Sacrifice in Romantic Relationships », *Personality and Social Psychology Bulletin*, 41, n° 6, 2015, p. 779-790.
7. M. E. Inesi, D. H. Gruenfeld et A. Galinsky, « How Power Corrupts Relationships : Cynical Attributions

for Others' Generous Acts », *Journal of Experimental Social Psychology*, 48, n° 4, 2012, p. 795-803.

8. S. Adler, « Subordinate Imitation of Supervisor Behaviour : The Role of Supervisor Power and Subordinate Self-Esteem », *Social Behavior and Personality*, 11, n° 2, 1983, p. 5-10. J. T. Copeland, « Prophecies of Power : Motivational Implications of Social Power for Behabioral Confirmation », *Journal of Personality and Social Psychology*, 67, n° 2, 1994, p. 264-277.

9. D. R. Carney, A. J. C. Cuddy, A. J. Yap, « Review and Summary of Research on the Embodied Effects of Expansive (vs. Contractive) Nonverbal Displays », *Psychological Science*, 26, n° 5, 2015, p. 657-663. M. M. Kuehn, S. Chen, A. M. Gordon, « Having a Thicker Skin : Social Power Buffers the Negative Effects of Social Rejection », *Social Psychological and Personality Science*, 6, n° 6, 2015, p. 701-709. P. C. Schmid, M. Schmid Mast, « Power Increases Performance in a Social Evaluation Situation as a Result of Decreased Stress Responses », *European Journal of Social Psychology*, 43, n° 3, 2013, p. 201-211.

10. J. Narayanan, K. Tai et Z. Kinias, « Power Motivates Interpersonal Connection Following Social Exclusion », *Organizational Behavior and Human Decision Processes*, 122, n° 2, 2013, p. 257-265.

11. S. Coté, M. W. Kraus, B. H. Cheng, C. Oveis, I. van der Löwe, H. Lian et D. Keltner, « Social Power Facilitates the Effect of Prosocial Orientation on Empathic Accuracy », *Journal of Personality and Social Psychology*, 101, n° 2, 2011, p. 217-232. M. Schmid Mast, K. Jonas, J. A. Hall, « Give a Person Power and He or She Will Show Interpersonal Sensitivity : The Phenomenon and its Why and When », *Journal*

of Personality and Social Psychology, 97, n° 5, 2009, p. 835-850.

12. R. S. Blackburn, « Lower Participant Power : Toward a Conceptual Integration », *The Academy of Management Review*, 6, n° 1, 1981, p. 127-131. H. Ibarra, « Race Opportunity and Diversity of Social Circles in Managerial Networks », *The Academy of Management Review*, 38, n° 3, 1995, p. 673-703.

13. A. Waytz, E. Y. Chou, J. C. Magee, A. D. Galinsky, « Not so Lonely at the Top : The Relationship Between Power and Loneliness », *Organizational Behavior and Human Decision Processes*, 130, 2015, p. 69-78. Y. Kifer, D. Heller, W. Qi, E. Perunovic et A. D. Galinsky, « The Good Life of the Powerful : The Experience of Power and Authenticity Enhances Subjective Well-Being », *Psychological Science*, 24, n° 3, 2013, p. 280-288.

Chapitre 5 (p. 87 *sq.*)

1. M. Heinrichs et G. Domes, « Neuropeptides and Social Behavior : Effects of Oxytocin and Vasopressin in Humans », *Progress in Brain Research*, 170, 2008, p. 337-350.

2. B. Ditzen et M. Heinrichs, « Psychobiology of Social Support : The Social Dimension of Stress Buffering », *Restorative Neurology and Neuroscience*, 32, 2014, p. 149-162. M. Kosfeld, M. Heinrichs, P. Zak, U. Fischbacher et E. Fehr, « Oxytocin Increases Trust in Humans », *Nature*, 435, 2005, p. 673-676.

3. M. Heinrichs, B. von Dawans et G. Domes, « Oxytocin, Vasopressin and Human Social Behavior », *Frontiers in Neuroendocrinology*, 30, 2009, p. 548-557.

4. Z. R. Donaldson et I. J. Young, « Oxytocin, Vasopressin and the Neurogenetics of Sociality », *Science*, 32, 2008, p. 900-904.
5. A. Meyer-Lindenberg, G. Domes, P. Kirsch et M. Heinrichs, « Oxytocin and Vasopressin in the Human Brain : Social Neuropeptides for Translational Medicine », *Nature Reviews Neuroscience*, 12, 2011, p. 524-538.
6. B. von Dawans, C. Kirschbaum et M. Heinrichs, « The Trier Social Stress Test for Groups (TSST-G) : A New Research Tool for Controlled Simultaneous Social Stress Exposure in a Group Format », *Psychoneuroendocrinology*, 36, 2011, p. 514-522.
7. C. Kirschbaum, T. Klauer, S. H. Filipp et D. H. Hellhammer, « Sex-Specific Effects of Social Support on Cortisol and Subjective Responses to Acute Psychological Stress », *Psychosomatic Medicine*, 57, 1995, p. 23-31.
8. B. Ditzen, I. D. Neumann, G. Bodenmann, B. von Dawans, R. A. Turner, U. Ehlert et M. Heinrichs, « Effects of Different Kinds of Couple Interaction on Cortisol and Heart Rate Responses to Stress in Women », *Psychoneuroendocrinology*, 32, 2007, p. 565-574.
9. M. Heinrichs, T. Baumgartner, C. Kirschbaum et U. Ehlert, « Social Support and Oxytocin Interact to Suppress Cortisol and Subjective Responses to Psychosocial Stress », *Biological Psychiatry*, 54, 2003, p. 1389-1398.
10. S. Baron-Cohen, S. Wheelwright, J. Hill, Y. Raste et I. Plumb, « The "Reading the Mind in the Eyes" Test Revised Version : A Study with Normal Adults and Adults with Asperger Syndrom or High-Functioning Autism », *Journal of Child Pycology and Psychiatry*, 42, 2001, p. 241-251.

11. G. Domes, M. Heinrichs, A. Michel, C. Berger et S. C. Herpertz, « Oxytocin Improves "Mind-Reading" in Humans » (Priority Communication), *Biological Psychiatry*, 61, 2007, p. 731-733.
12. A. J. Guastella, S. L. Einfeld, K. M. Gray, N. J. Rinehart, B. J. Tonge, T. J. Lambert et I. B. Hickie, « Intranasal Oxytocin Improves Emotion Recognition for Youth with Autism Spectrum Disorders », *Biological Psychiatry*, 67, 2010, p. 692-694.
13. J. K. Rilling et L. J. Young, « The Biology of Mammalian Parenting and its Effect on Offspring Social Development », *Science*, 345, 2014, p. 771-776.
14. M. Heinrichs, F. S. Chenet, G. Domes, « Social Neuropeptides in the Human Brain : Oxytocin and Social Behavior », *in* S. Baron-Cohen, H. Tager-Flusberg et M. Lombardo (dir.), *Understanding Other Minds* (3ᵉ éd.), Oxford, Oxford University Press, 2013, p. 291-307.
15. M. Heinrichs, F. S. Chen et G. Domes, « Oxytocin », *in* S. G. Hofmanm (dir.), *Psychobiological Approaches for Anxiety Disorders : Treatment, Combination, Strategies*, Oxford, Wiley-Blackwell, 2012, p. 123-143.

Table des matières

Préface de Sa Sainteté le Dalaï-lama 7

Introduction 9
(Matthieu Ricard et Tania Singer)

PREMIÈRE PARTIE
LES POINTS DE VUE DE L'ÉTHOLOGIE, DE L'ANTHROPOLOGIE ET DE L'ÉCOLOGIE

Discours d'ouverture de Sa Sainteté le Dalaï-lama 21

Chapitre 1. Le pouvoir et l'altruisme
chez les primates mâles alpha 27
(Frans B. M. de Waal)

Chapitre 2. Le pouvoir transformateur des soins
nourriciers 39
(Sarah Blaffer Hrdy)

Chapitre 3. Le maintien de l'humanité dépend
d'une planète harmonieuse 57
(Johan Rockström)

DEUXIÈME PARTIE

LES POINTS DE VUE DE LA PSYCHOLOGIE, DE L'ENDOCRINOLOGIE ET DES NEUROSCIENCES

Chapitre 4. Réflexions psychologiques sur les motifs du pouvoir 79
(Alexandra M. Freund)

Chapitre 5. La biologie de l'altruisme : le rôle des hormones dans le cerveau humain 87
(Markus Heinrichs)

Chapitre 6. Points de vue des neurosciences sur le pouvoir et l'altruisme : comment s'entraîner à développer l'attention à autrui et la compassion ? ... 97
(Tania Singer)

Chapitre 7. Utiliser la compassion et la pleine conscience pour équilibrer les forces du pouvoir et de l'attention à autrui 115
(Richard Schwartz)

Dialogue entre le Dalaï-Lama, les intervenants et la modératrice 123

TROISIÈME PARTIE

LES POINTS DE VUE DES TRADITIONS SPIRITUELLES ET RELIGIEUSES

Ouverture de la troisième partie 143
(Sa Sainteté le Dalaï-lama)

Chapitre 8. L'appel des peuples autochtones de la terre... 151
(Pauline Tangiora)

Chapitre 9. Une vie fondée sur le principe
de la compassion 159
   (Matthieu Ricard)

Chapitre 10. Nous sommes tous porteurs de rayons
de lumière 167
   (Rabbi Awraham Soetendorp)

Chapitre 11. Écouter et aimer sans attendre
de réciprocité 173
   (Frère Thierry-Marie Courau, ordre des Prêcheurs)

Chapitre 12. Promouvoir la foi 177
   (Alaa Murabit)

Dialogue entre le Dalaï-Lama, les intervenants
et la modératrice 183

QUATRIÈME PARTIE
LES POINTS DE VUE ÉCONOMIQUES ET SOCIAUX

Chapitre 13. L'intérêt personnel, le pouvoir
et l'altruisme 191
   (Dennis Snower)

Chapitre 14. Trois histoires d'économie 207
   (Paul Collier)

Chapitre 15. Valoriser le travail des femmes 215
   (Theo Sowa)

Chapitre 16. Créer le changement avec PeaceJam 223
   (Jody Williams)

Dialogues entre le Dalaï-Lama, les intervenants
et le modérateur 229

CINQUIÈME PARTIE
ENGAGEMENT PERSONNEL ET RESPONSABILITÉ MONDIALE

Chapitre 17. L'art en tant que force de changement social 245
(Olafur Eliasson)

Chapitre 18. Trouver une solution pour mettre fin à la guerre 259
(Scilla Elworthy)

Chapitre 19. Le pouvoir et l'altruisme dans les organisations 267
(Frédéric Laloux)

Dialogue avec le Dalaï-Lama, les intervenants et la modératrice 281

Conclusion 287
(Tania Singer)

APPENDICES

Des ateliers, sources d'inspiration 295

Remerciements 299

L'institut Mind and Life Europe 301

Les participants 303

Notes 319

Découvrez des milliers de livres numériques chez 12-21

→ *www.12-21editions.fr*

12-21 est l'éditeur numérique de Pocket

Composition et mise en page
Nord Compo à Villeneuve-d'Ascq

Imprimé en France par **CPI**
en octobre 2020
N° d'impression : 3037433

Pocket – 92 avenue de France, 75013 PARIS

S28257/01